# DEUXIÈME SUPPLÉMENT

du

## TRAITÉ THÉORIQUE ET PRATIQUE

de la

# FABRICATION DU SUCRE

Paris. — Imprimerie et librairie de E. LACROIX, rue des Saints-Pères, 54.

# DEUXIÈME SUPPLÉMENT

DU

## TRAITÉ COMPLET, THÉORIQUE ET PRATIQUE

DE LA

# FABRICATION DU SUCRE

COMPTE RENDU

DES PROGRÈS DE LA SCIENCE ET DE L'INDUSTRIE SUCRIÈRE

POUR LES ANNÉES 1873 ET 1874

PAR

## CHARLES STAMMER

DOCTEUR-CHIMISTE

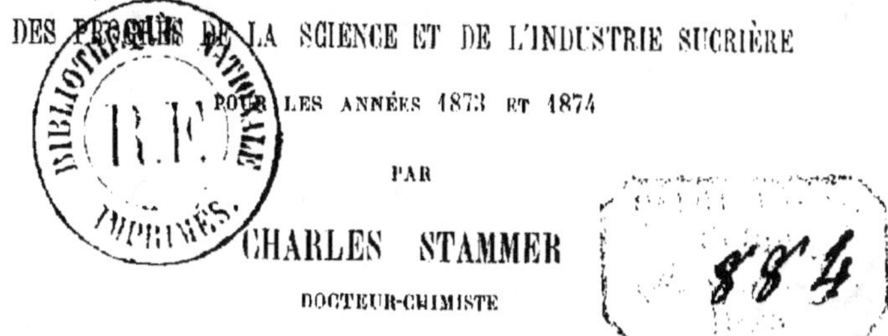



## PARIS

### LIBRAIRIE SCIENTIFIQUE, INDUSTRIELLE ET AGRICOLE

**Eugène LACROIX, Imprimeur-Éditeur**

Libraire de la Société des Ingénieurs civils de France, de celle des anciens Élèves
des Écoles nationales d'Arts et Métiers, de la Société des Conducteurs des Ponts et Chaussées
de MM. les Mécaniciens de la Marine, etc., etc.

54, RUE DES SAINTS-PÈRES, 54

1875

## LIVRE PREMIER

# LE SUCRE ET LA BETTERAVE

---

## Propriétés du sucre.

Nous devons à M. Chancel l'établissement rigoureux du *poids spécifique des solutions de sucre interverti* en comparaison avec celle du sucre cristallisable et de même de la contraction qu'éprouvent les solutions de sucre cristallisable pendant l'interversion. Les deux tableaux que voici contiennent les nombres trouvés.

*Poids spécifique des solutions des sucres cristallisable et interverti à 0°*

| RICHESSE de la solution en centièmes | DENSITÉ DE LA SOLUTION A 0° | | | |
|---|---|---|---|---|
| | SUCRE CRISTALLISABLE | différence | SUCRE INTERVERTI | différence |
| 0 | 1,0000 | | 1,0000 | |
| 1 | 1,0040 | 40 | 1,0011 | 41 |
| 2 | 1,0080 | 40 | 1,0082 | 41 |
| 3 | 1,0121 | 41 | 1,0123 | 41 |
| 4 | 1,0162 | 41 | 1,0164 | 41 |
| 5 | I,0203 | 41 | 1,0206 | 42 |
| 6 | 1,0244 | 41 | 1,0248 | 42 |
| 7 | 1,0286 | 42 | 1,0290 | 42 |
| 8 | 1,0328 | 42 | 1,0332 | 42 |
| 9 | 1,0370 | 42 | 1,0374 | 42 |
| 10 | 1,0413 | 43 | 1,0417 | 43 |
| 11 | 1,0456 | 43 | 1,0460 | 43 |
| 12 | 1,0499 | 43 | 1,0503 | 43 |
| 13 | 1,0542 | 43 | 1,0546 | 43 |
| 14 | 1,0586 | 44 | 1,0590 | 44 |
| 15 | 1,0630 | 44 | 1,0634 | 44 |
| 16 | 1,0674 | 44 | 1,0678 | 44 |
| 17 | 1,0718 | 44 | 1,0722 | 44 |
| 18 | 1,0763 | 45 | 1,0766 | 44 |
| 19 | 1,0808 | 45 | 1,0811 | 45 |
| 20 | 1,0854 | 46 | 1,0856 | 45 |
| 21 | 1,0900 | 46 | 1,0901 | 45 |
| 22 | 1,0946 | 46 | 1,0947 | 46 |
| 23 | 1,0992 | 46 | 1,0993 | 46 |
| 24 | 1,1039 | 47 | 1,1039 | 46 |
| 25 | 1,1086 | 47 | 1,1086 | 47 |

*Contraction des solutions de sucre par suite de l'inversion.*

| RICHESSE de la solution en sucre cristallisable et en centièmes | VOLUME à 0° après l'inversion | CONTRACTION |
|---|---|---|
| 0 | 1,00000 | 0,00000 |
| 1 | 0,99971 | 0,00029 |
| 2 | 0,99943 | 0,00057 |
| 3 | 0,99916 | 0,00084 |
| 4 | 0,99889 | 0,00111 |
| 5 | 0,99863 | 0,00137 |
| 6 | 0,99838 | 0,00162 |
| 7 | 0,99814 | 0,00186 |
| 8 | 0,99790 | 0,00210 |
| 9 | 0,99767 | 0,00233 |
| 10 | 0,99744 | 0,00256 |
| 11 | 0,99722 | 0,00278 |
| 12 | 0,99701 | 0,00299 |
| 13 | 0,99680 | 0,00320 |
| 14 | 0,99659 | 0,00341 |
| 15 | 0,99639 | 0,00361 |
| 16 | 0,99620 | 0,00380 |
| 17 | 0,99601 | 0,00399 |
| 18 | 0,99582 | 0,00418 |
| 19 | 0,99564 | 0,00436 |
| 20 | 0,99546 | 0,00454 |
| 21 | 0,99528 | 0,00472 |
| 22 | 0,99511 | 0,00489 |
| 23 | 0,99495 | 0,00505 |
| 24 | 0,79478 | 0,00522 |
| 25 | 0,99462 | 0,00538 |

L'*inversion* a aussi été le sujet d'*investigations* exécutées par M. Dubrunfaut, qui a constaté, de même que M. Chancel. qu'il se produisait pendant cette réaction une contraction tellement prononcée, qu'on pourrait, avec des appareils de précision, en faire la base d'un procédé saccharimétrique.

L'auteur a comparé ensuite la force intervertissante des différents acides et a constaté à cet égard des différences très-remarquables. Ainsi, par exemple, un équivalent d'acide sulfurique ne produit que la moitié de l'effet d'un équivalent d'acide chlorhydrique. Les acides oxalique et tartrique produisent l'inversion très-complètement et leur action, même à la température de l'ébullition, n'est pas accompagnée de la formation de produits secondaires comme celle des acides minéraux.

A 100° des quantités minimes d'acide suffisent à l'inversion, qui ne se fait que très-lentement à des températures inférieures. A 100° les proportions de $^1/_{10000}$ d'acide tartrique produisit l'inversion très-complètement. Dans le commencement l'action intervertissante est de beaucoup plus forte qu'après un certain temps : la réaction diminue régulièrement dans la proportion inverse du carré des temps. La même diminution a lieu, si pour un temps constant on diminue les proportions d'acide.

M. Dubrunfaut conclue de ses recherches, que l'inversion n'est pas simplement un effet de contact.

### SOLUBILITÉ DU SUCRE DANS L'ALCOOL.

La solubilité du sucre cristallisable dans les liqueurs alcooliques de différentes richesses n'a été jusqu'à présent qu'incomplètement déterminée. Comme pour plusieurs procédés nouveaux cette solubilité est d'une grande importance, nous donnons ci-après le résumé des déterminations que M. Scheibler en a fait, sans nous arrêter à la méthode employée.

*Solubilité du sucre dans les liqueurs alcooliques à 0°.*

| RICHESSE alcoolique du liquide dissolvant; centièmes de volume | POIDS SPÉCIFIQUE de la solution, pris à 15,5° c. | 100 c. c. de la solution contiennent sucre, grammes |
|---|---|---|
| 0 | 1,3248 | 85,8 |
| 5 | — | 82,4 |
| 10 | 1,2991 | 79,4 |
| 15 | — | 76,5 |
| 20 | 1,2360 | 73,4 |
| 25 | — | 69,8 |
| 30 | 1,2293 | 66,0 |
| 35 | — | 61,6 |
| 40 | 1,1823 | 56,7 |
| 45 | — | 51,6 |
| 50 | 1,1294 | 45,7 |
| 55 | — | 39,6 |
| 60 | 1,0500 | 32,9 |
| 65 | — | 25,6 |
| 70 | 0,9721 | 17,8 |
| 75 | — | 11,2 |
| 80 | 0,8931 | 6,4 |
| 85 | — | 2,7 |
| 90 | 0,8369 | 0,7 |
| 95 | — | 0,2 |
| 97,4 | 0,8062 | 0,08 |
| 100 | — | 0,00 |

# PROPRIÉTÉS DU SUCRE.

*Solubilité du sucre dans les liqueurs alcooliques à 14° c.*

| RICHESSE alcoolique du liquide dissolvant, en centièmes du volume | DENSITÉ de la solution sucrée alcoolique, prise à 175° | 100 c. c. contiennent sucre, grammes |
|---|---|---|
| 0 | 1,3258 | 87,5 |
| 5 | — | 84,2 |
| 10 | 1,3000 | 81,0 |
| 15 | — | 78,1 |
| 20 | 1,2662 | 74,9 |
| 25 | — | 71,5 |
| 30 | 1,2327 | 67,7 |
| 35 | — | 63,3 |
| 40 | 1,1848 | 58,4 |
| 45 | — | 52,9 |
| 50 | 1,1305 | 47,1 |
| 55 | — | 40,7 |
| 60 | 1,0582 | 33,9 |
| 65 | — | 26,6 |
| 70 | 0,9746 | 18,7 |
| 75 | — | 11,7 |
| 80 | 0,8953 | 6,7 |
| 85 | — | 3,2 |
| 90 | 0,8376 | 0,9 |
| 95 | — | 0,4 |
| 97,4 | 0,8082 | 0,36 |
| 100 | — | 0,20 |

*Solubilité du sucre dans les liqueurs alcooliques à 40° c.*

| RICHESSE alcoolique du liquide dissolvant, en centièmes du volume | DENSITÉ de la solution sucrée alcoolique, prise à 175° | 100 c. c. contiennent sucre, grammes |
|---|---|---|
| 0 | | 105,2 |
| 5 | | 100,7 |
| 10 | | 96,7 |
| 15 | | 93,1 |
| 20 | | 89,7 |
| 25 | | 86,6 |
| 30 | | 83,3 |
| 35 | | 79,1 |
| 40 | | 74,9 |
| 45 | | 69,6 |
| 50 | Non déterminée. | 63,6 |
| 55 | | 57,1 |
| 60 | | 50,0 |
| 65 | | 41,3 |
| 70 | | 31,4 |
| 75 | | 21,4 |
| 80 | | 13,1 |
| 85 | | 6,6 |
| 90 | | 2,3 |
| 95 | | 0,6 |
| 97,4 | | 0,5 |
| 100 | | 0,4 |

En analysant ces données et en les rendant plus claires au moyen d'un tableau graphique, on trouve, entr'autres, que les liqueurs pauvres en alcool peuvent dissoudre plus de sucre que ne pourrait dissoudre l'eau qu'elles contiennent, mais que pour les liqueurs riches en alcool, le contraire a lieu : elles dissolvent moins de sucre que ne pourrait dissoudre l'eau qu'elles c ntiennent. Donc la solubilité est augmentée dans le premier et diminuée dans le second cas par l'alcool. Naturellement à un point milieu la solubilité n'est pas influencée par l'alcool. Ce point se trouve, pour 40° à la richesse alcoolique de 66, et à 14° à celle de 50 centièmes en alcool.

En outre les expériences ont démontré de nouveau que l'alcool absolu ne peut presque pas dissoudre du sucre, et qu'en général, à partir de 90 % le pouvoir dissolvant de l'alcool pour le sucre n'est que très-faible.

Voici encore quelques nombres pour la richesse en sucre des *solutions saturées* à différentes températures.

| TEMPÉRATURE | SUCRE DISSOUS % | TEMPÉRATURE | SUCRE DISSOUS % |
|---|---|---|---|
| 0 | 65,0 | 30 | 69,8 |
| 5 | 65,2 | 35 | 72,4 |
| 10 | 65,6 | 40 | 75,8 |
| 15 | 66,1 | 45 | 79,2 |
| 20 | 67,0 | 50 | 82,7 |
| 25 | 68,2 | | |

### ACTION DE LA CHAUX SUR LES SOLUTIONS DE SUCRE CONCENTRÉES ET BOUILLANTES.

M. Sostmann a fait, à ce sujet, des recherches intéressantes d'où il résulte que les jus sucrés concentrés, traités par la chaux, pendant l'ébullition, n'éprouvent aucune perte dans leur pouvoir polarisant. Voici comment il a procédé : il fit bouillir du sirop avec un excès de chaux, à des températures différentes, et pendant des temps inégaux, et en mesura le pouvoir rotatoire avant et après le traitement au moyen d'un appareil de Dubosq dont l'échelle portait une graduation de 150 degrés, sur laquelle on pouvait lire les dixièmes de degrés. Cent degrés correspondaient à une teneur en sucre de 16 gr. 35 par 100 centimètres cubes. Les expériences ont démontré que l'ébullition des jus de betteraves contenant jusqu'à deux pour cent de chaux, prolongée à une température de 107° jusqu'à ce qu'ils aient acquis une consistance visqueuse, ne détruit pas un atome de sucre. Cette inaltérabilité du sucre en présence de la chaux est conforme à sa propriété, déjà signalée précédemment, de ne pas se détruire en présence des alcalis à une température de 100 degrés. Mais si la chaux n'a pas d'influence sur le sucre, elle en agit autrement avec les *matières étrangères* qui sont associées à celui-ci. L'expérience ci-dessous, qui met ce fait en lumière, a une grande importance pratique. Deux échantillons du même jus sucré qui avait servi aux recherches mentionnées, et mesurant chacun 50 cent. cubes, furent complétement desséchés dans une étuve à eau : le premier *a* sans avoir subi aucune manipulation; le second *b* après avoir bouilli pendant une demi-heure au dessus d'une flamme de gaz. Lorsqu'ils furent complétement desséchés, les deux échantillons furent placés chacun dans un vase en verre non couvert et abandonné à l'action de l'air humide.

Le premier échantillon *a* s'empara immédiatement de la vapeur d'eau de l'air ambiant et se transforma en une masse très-fluide, tandis que le second échantillon *b* resta pendant quinze jours dans l'air humide sans cesser d'être parfaitement sec.

La conclusion que l'on est fondé à tirer de ces expériences, c'est qu'à la température de l'ébullition, la chaux mêlée aux jus de betteraves agit sur une partie des matières organiques qui y sont contenues et les modifie au point de leur enlever la propriété d'absorber l'eau contenue dans l'air. Or, et il est bon de le faire remarquer, la propriété que possèdent les matières sucrées de s'emparer de l'humidité atmosphérique est considérée avec raison comme une des causes de la formation de la mélasse. On peut donc, pour ce motif, recommander vivement la pratique de cuire les jus avec de la chaux, en ayant soin évidemment de procéder à une saturation subséquente.

### RECHERCHES SUR LES RACINES, LES FEUILLES ET LES PÉDONCULES DES FEUILLES DE BETTERAVES.

M. Sostmann a exécuté une série d'expériences sur des betteraves, à diverses périodes de la végétation. Ce travail a été entrepris dans le but de contrôler des recherches faites antérieurement par M. Méhay, lesquelles avaient confirmé l'opinion que le sucre incristallisable doit exister dans la plante avant le sucre cristallisable. Bien que, faute de méthodes suffisamment exactes de détermination du sucre incristallisable, on ne puisse tirer de conclusion rigoureuse, pas plus des expériences de M. Méhay que de celles qui sont relatées plus bas, l'auteur croit cependant que les tentatives faites pour élucider la question ont par elles-mêmes quelque intérêt.

Les betteraves qui ont servi aux expériences ont été récoltées aux environs de Stockholm, en septembre 1871 ; elles ont été lavées, faiblement étêtées et pesées. Les pédoncules ont été séparés de la masse foliacée, pesés et pressés. La détermination du poids spécifique fut faite à la balance, celle du sucre cristallisable par polarisation directe, avec addition de 0,36 par chaque centième de sucre incristallisable constaté.

Ce dernier fut déterminé au moyen du ferrocyanure potassique, les cendres le furent au moyen de l'acide sulfurique et celui-ci déduit ensuite de la quantité de carbonate. L'acidité fut mesurée au moyen d'acide oxalique titré. Voici, résumés en un tableau, les résultats de ces expériences.

| DATE de l'expérience. | Jus de | Nombre. | Poids total en grammes. | Poids spécifique d'après Brix. | Sucre. | Non-sucre. | Coefficient de pureté. | Sucre incristillisable. | Sels. | Acidité rapportée à l'acide oxalique. | Sucre incristallisable sur 100 parties de sucre. | Réaction du jus. |
|---|---|---|---|---|---|---|---|---|---|---|---|---|
| 29 août. | Racines. . . | 4 | 900 | 11,33 | 8,51 | 2,82 | 75,1 | — | 1,16 | ? | — | Acide. |
| » | Feuilles. . . | | 625 | 8,73 | 0,384 | 8,346 | 4,5 | 0,040 | 2.77 | — | 10 4 | Neutre. |
| » | Pédoncules. | | 1250 | 5,87 | 0,369 | 5,501 | 6,2 | 0,138 | 1,80 | — | 37,4 | Acide. |
| 4 sept. . | Racines. . . | 4 | 780 | 13,71 | 9,87 | 3,81 | 70,1 | — | 1,28 | — | — | Acide. |
| » | Feuilles. . . | | — | 9,17 | 0,39 | 8,78 | 4,2 | 0,040 | 2,81 | — | 10,2 | Neutre. |
| » | Pédoncules. | | — | 6,80 | 0,24 | 6 56 | 3,5 | 0 104 | 1 78 | — | 43,3 | Acide. |
| 11 sept. | Racines. . . | 4 | 1160 | 11,10 | 10,58 | 3,52 | 75,0 | 0,040 | 1,25 | 0,036 | 0,37 | Acide. |
| » | Feuilles. . . | | 393 | 8,80 | 0,94 | 7,86 | 10,6 | 0,052 | 2,21 | — | 5,5 | Neutre. |
| • | Pédoncules. | | 880 | 6,97 | 0,55 | 6,42 | 7,8 | 0,100 | 1,55 | 0,011 | 18,1 | Acide. |
| 18 sept. | Racines. . . | 3 | 1061 | 13,65 | 10,96 | 2,69 | 80 2 | ? | ? | ? | — | ? |
| » | Feuilles. . . | | 380 | 8,68 | 1,12 | 7,56 | 12,9 | 0,050 | 2,10 | ? | 4,4 | ? |
| » | Pédoncules. | | 650 | 6,49 | 0,66 | 5,83 | 10,1 | 0,277 | 1,63 | ? | 41.9 | ? |
| 25 sept. | Racines. . . | 3 | 780 | 17,52 | 13,75 | 3,77 | 78 4 | 0,040 | 1,13 | 0,046 | 0,58 | Acide. |
| » | Feuilles. . . | | 270 | 13,17 | 3,04 | 10,13 | 23,0 | 0,416 | 3,08 | — | 13,6 | Neutre. |
| » | Pédoncules. | | 420 | 9,11 | 1,99 | 7,12 | 21,8 | 0,555 | 1,78 | 0,029 | 27,8 | Acide. |
| 30 sept. | Racines. . . | 4 | 1080 | 14,60 | 11,81 | 2 79 | 80,8 | 0,058 | 0,99 | ? | 0,49 | ? |
| » | Feuilles. . . | | 300 | 10,52 | 1,72 | 8,80 | 16,35 | 0,554 | 2,54 | ? | 32,2 | ? |
| » | Pédoncules. | | 700 | 7,36 | 0,78 | 6,58 | 10,60 | 1,315 | 1,76 | ? | 168,7 | ? |

Le rapport entre le poids des racines et ceux des feuilles et des pédoncules a été dans les six expériences ci-dessus le suivant :

|  | I | II | III | IV | V | VI |
|---|---|---|---|---|---|---|
| Pédoncules. . . . . . . | 139, 0 | ? | 75,9 | 61,2 | 53,8 | 71,4 |
| Feuilles. . . . . . . . . | 63, 4 | ? | 33,9 | 35,8 | 30,8 | 30,6 |

Le poids des racines étant 100.

Le poids absolu des feuilles et des pédoncules, ainsi que le rapport de ce poids à celui des racines, ont toujours été en diminuant. Il n'y eut que la dernière expérience qui fit exception : à la suite d'un temps pluvieux, le poids des pédoncules augmenta assez sensiblement. La quantité de jus contenue dans les feuilles et les pédoncules a diminué constamment et son poids spécifique ne s'est élevé d'une manière sensible que dans les deux dernières expériences.

La densité du jus a été respectivement :

|  | I | II | III | IV | V | VI |
|---|---|---|---|---|---|---|
| Pédoncules. . . . . | 5,87 | 6,80 | 6,97 | 6,49 | 9,11 | 7,36 |
| Feuilles. . . . . . . . | 8,73 | 9,17 | 8,80 | 8,68 | 13,17 | 10,52 |

Les quant'tés de matière sèche des jus, rapportées à 100 parties de matière sèche du jus des racines ont été :

|                        | I  | II | III | IV | V  | VI |
|------------------------|----|----|-----|----|----|----|
| Jus des feuilles. . . . . | 77 | 67 | 62  | 63 | 75 | 72 |
| Jus des pédoncules. . . . | 51 | 50 | 49  | 47 | 52 | 50 |

Contrairement aux résultats trouvés par M. Méhay, le jus des feuilles s'est toujours montré plus riche en sucre dextrogyre que le jus des pédoncules. D'autre part, les quantités de sucre incristallisable trouvées dans les feuilles et pédoncules sont beaucoup moindres que celles constatées par M. Méhay au moyen de la liqueur de Fehling, et dans toutes les expériences, les feuilles ont accusé une teneur en sucre incristallisable moindre que celle reconnue chez les pédoncules; quant aux racines, elles n'en renfermaient que des traces.

Tableau comparatif de la teneur en sucre incristallisable :

|                        | I     | II    | III   | IV    | V     | VI    |
|------------------------|-------|-------|-------|-------|-------|-------|
| Jus de racines. . . . . | 0,000 | 0,000 | 0,040 | ?     | 0,080 | 0,058 |
| Jus de feuilles . . . . | 0,040 | 0,040 | 0,052 | 0,052 | 0,416 | 0,554 |
| Jus de pédoncules. .   | 0,138 | 0,104 | 0,100 | 0,277 | 0,555 | 1,315 |

Ces chiffres ne permettent de tirer des expériences relatées aucune conclusion déterminée, sans faire exception de celle formulée par M. Méhay « que la formation du sucre incristallisable précède l'apparition du sucre cristallisable. »

### Culture de la betterave.

Les *essais de culture* avec la betterave ne manquent pas assurément, mais il faut une extrême précaution, quand on veut essayer d'en généraliser les résultats. Sans discuter ici les causes qui font donner une valeur plutôt locale et spéciale aux essais en grand de culture et d'amendement, nous remarquerons seulement, que les règles trouvées par ce moyen, ne possèdent presque toujours qu'un caractère négatif, mais que les expériences plus restreintes, par cultures artificielles, se prêtent beaucoup plus à la déduction des lois générales qui régissent la végétation de la racine saccharifère.

Nous voulons parler des expériences sur un nombre restreint de plantes en vase clos et avec une terre plus ou moins artificielle dont la composition est *parfaitement connue.* On y ajoute systématiquement les composés chimiques en solution, dont il s'agit de déterminer l'influence sur la production des betteraves et on fait la culture dans des conditions préalablement établies et en dehors des influences du climat, des propriétés du sol, etc. qui dans les essais de champ viennent toujours troubler la reconnaissance du résultat produit par les divers amendements.

Nous parlerons en ce lieu des expériences de culture en vase clos, instituées depuis quelques années par MM. Kohlrausch et Petermann; sans entrer dans les détails de la méthode choisie et des observations particulières, auxquelles elle a pu donner lieu, nous tâcherons ici de présenter les résultats plus généraux que les auteurs ont déduit de leurs essais, de même que plusieurs analyses fort intéressantes au point de vue de la composition que peut avoir la betterave sous l'influence de certains amendements.

Le but que se sont proposé les auteurs, a été surtout de reconnaître l'influence d'un *amendement progressif potassique* sur la richesse en sucre et sur la composition des cendres des betteraves.

La première série des expériences avait déjà fourni la règle que la richesse sucrière augmentait, jusqu'à un certain degré, en proportion des additions de phosphate et de carbonate potassique à l'amendement.

Dans la dernière série de ces essais, on cultiva de la même façon que dans la précédente, des plantes *isolées* dans des vases d'un arrangement spécial, contenant du sable pur de composition connue, arrosé de solutions à teneur croissante de phosphate et de carbonate de potasse. Chaque caisse contenait 125 kilos de sable, avec addition des substances minérales et azotées (nitrates et ammoniaques) dans les proportions correspondantes à peu près à la composition des cendres de la plante et en outre des solutions de respectivement :

    I   0,0083 gr.
    II  0,0166 «
    III 0,0249 «
    IV 0,0332 «

de potasse combinée à l'acide phosphorique et de

    V    0,0113
    VI   0,0226
    VII  0,0338
    VIII 0,0451

de potasse combinée à l'acide carbonique.

Il est bien entendu que toutes les expériences et les observations ont été soigneusement détaillées; nous nous bornerons cependant aux communications suivantes comme les plus intéressantes :

*Analyse de la récolte faite le 10 septembre après une végétation de 133 jours.*

| CAISSES gr. | POIDS des betteraves isolées dans chaque caisse gr. | POIDS des feuilles sèches gr. | PROPORTION d'eau en 100 parties de la betterave % | SUBSTANCE organique sèche en 100 parties de la betterave fraîche % | TENEUR saccharine de la betterave % | CENDRES de la betterave % | SUBSTANCES azotées dans la betterave fraîche % |
|---|---|---|---|---|---|---|---|
| Avec phosphate — I | 296 | 20,5 | 80,65 | 18,40 | 10,07 | 0,95 | 1,32 |
| II | 316 | 15,5 | 79,42 | 19,66 | 10.58 | 0,92 | 1,80 |
| III | 429 | 20,7 | 78,03 | 21,02 | 10,76 | 0,89 | 1,39 |
| IV | 498 | 15,7 | 79,95 | 19,23 | 11,13 | 0,82 | 1,42 |
| Avec carbonate — V | 374 | 17,8 | 79,79 | 19,57 | 12.78 | 0,64 | 1.16 |
| VI | 391 | 21,0 | 80,39 | 18 82 | 13,10 | 0,78 | 1,21 |
| VII | 532 | 24,2 | 80,11 | 17,96 | 13,31 | 0,93 | 1,04 |
| VIII | 490 | 15,9 | 80,01 | 19,13 | 14,26 | 0,86 | 1,66 |

On voit que la richesse en sucre augmente avec l'amendement en potasse. Cette augmentation, quoique moindre que dans la série d'essais précédente, est pourtant très-sensible.

La comparaison des moyennes est en faveur du carbonate :

Poids moyen des 4 premières caisses : 385 gr. avec 10,63 % de sucre.

— — — 4 dernières — 447 gr. avec 13,36 % de sucre.

Dans la série précédente une différence analogue n'a pas paru; ce n'est donc pas une règle toute générale.

La proportion des cendres n'a pas été augmentée par l'augmentation de l'amendement potassique; elle est restée parfaitement normale, savoir :

En 1863, moyenne des racines à phosphate. . . . . . . . . . 0,73 %
— — — carbonate. . . . . . . . . 0,77 %
En 1871 moyenne des racines à phosphate. . . . . . . . . 0,89 %
— — — carbonate. . . . . . . . . 0,80 %

Il s'en suit comme règle générale que les forts amendements potassiques ne tendent pas à produire des betteraves trop riches en cendres. C'est, en effet, ce que nous avons pu aussi conclure d'une longue expérience sur la culture en grand avec de riches additions de solutions potassiques.

*Voici l'Analyse des cendres des racines :*

| 100 PARTIES DE CENDRES ONT DONNÉ | | | | | | | |
| à phosphate | | | | à carbonate | | | |
| I | II | III | IV | V | VI | VII | VIII |
|---|---|---|---|---|---|---|---|
| Acide carbonique. . . . . . . 17,74 | 19,65 | 19,75 | 17 82 | 20,51 | 20,18 | 20,49 | 19,14 |
| Résidu insoluble dans l'acide . . 0,89 | 0,51 | 1,14 | 1,04 | 0,43 | 0,47 | 1,76 | 0,62 |
| Silice. . . . . . . . 0,08 | 0'09 | 0,16 | 0,13 | 0,20 | 0,28 | 0,13 | 0,21 |
| Oxide de fer. . . 0,41 | 0,31 | 0,30 | 0,29 | 0,44 | 0,46 | 0,55 | 0,29 |
| Chaux . . . . . . 5,76 | 3,43 | 4,18 | 3,49 | 6,30 | 6,01 | 3,48 | 4,39 |
| Magnésie . . . . 6,40 | 5,62 | 5,54 | 5,47 | 7,79 | 8,93 | 5,48 | 6,44 |
| Potasse. . . . . . 42,88 | 49,47 | 46,79 | 46,97 | 39,58 | 38,23 | 42,27 | 44,86 |
| Soude . . . . . . 0,60 | 0,42 | 0,57 | 0,88 | 3,55 | 5,36 | 6,44 | 4,96 |
| Acide phosphorique. . . . . . 22,58 | 14,05 | 15,95 | 16,49 | 16,41 | 13,87 | 12,86 | 13,95 |
| — Sulfurique . . 2,72 | 3,42 | 2,99 | 3,01 | 4,67 | 4,71 | 3,21 | 3,96 |
| Chlore . . . . . . 1,80 | 4,33 | 5,04 | 4,26 | 1,84 | 2,57 | 4,55 | 3,06 |
| A déduire 101,86 | 101,30 | 102,43 | 99,85 | 101,72 | 101,67 | 101,22 | 102,38 |
| Oxygène . . . . . 0,41 | 0,97 | 1,14 | 0,96 | 0,42 | 0,58 | 1,02 | 0,70 |
| 101,45 | 100,33 | 101,29 | 98,89 | 101,30 | 100,46 | 100,20 | 101,68 |

Si l'on fait les calculs nécessaires pour établir une comparaison rigoureuse, on observe en premier lieu une augmentation de la proportion en potasse avec l'amendement progressif potassique.

En outre, on trouve que l'addition du phosphate a très-sensiblement diminué l'assimilation de la soude, qui disparaît presque entièrement dans les 4 premières expériences. Quoique les huit racines aient eu à leur disposition des quantités identiques de chlorure de sodium (sel marin) la proportion n'est que de 0,75 pour l'amendement phosphaté contre la moyenne de 6,35 pour l'amendement à carbonate. Le même phénomène s'était produit dans la série des expériences précédentes, où les cendres de betteraves à amendement phosphaté avait montré 16,06 % de soude contre 1,10 % pour les betteraves à carbonate.

Une différence semblable s'est manifestée régulièrement dans les cendres des feuilles.

Les auteurs arrivent, en comparant tous les résultats, aux conclusions que vo ici :

1. Les amendements progressifs à phosphate et à carbonate potassique ont produit une augmentation correspondante du sucre dans les betteraves.

2. Les betteraves à amendement phosphaté ont été plus riches en matière sèche totale et en substances protéiques.

3. La quantité totale des substances minérales n'a pas éprouvé une augmentation à la suite de l'amendement progressif; les betteraves ont toutes été parfaitement normales.

4. L'augmentation de la potasse a produit une proportion plus forte de potasse et de chlore dans les cendres; le phosphate potassique a presque fait disparaître l'assimilation de la soude.

*La rouille des betteraves.*

L'institut agricole de l'Université de Halle a reçu des betteraves malades qui semblaient fortement atteintes aux feuilles séminales d'une sorte de rouille. Comme cette forme de maladie se rencontre assez fréquemment depuis quelque temps, les observations suivantes, à son sujet, présenteront quelqu'intérêt pour les cultivateurs. La rouille des betteraves est due à un champignon parasite. nommé *Peronospora Betae*, ou bien *Peronospora Schachtii*. Ce parasite ne se développe que sur les feuilles jeunes ou seulement encore peu âgées. Il détermine sur elles la présence de taches plus ou moins étendues, un peu pâles, d'un vert plus clair; la partie inférieure, et après quelque temps la partie supérieure, sont rouillées, d'abord blanches, mais bientôt grises bleuâtres. Les feuilles les plus jeunes sont, en général, atteintes de la même manière dans toute leur étendue par l'apparition rapide de la maladie. Elles sont alors plus épaisses, rabougries ou ridées, d'un ton plus clair, plus jaune verdâtre, et leur développement s'arrête; de sorte qu'il reste, à la tête de la betterave, une espèce de nid formé de feuilles courtes, dégénérées de forme et de couleur.

Elles sont, au contraire, entourées d'une couronne de feuilles plus vieilles, normalement constituées colorés d'un vert frais et sain. Si l'on étudie le phénomène de plus près, on constate que le tissu des feuilles atteintes est traversé par les filaments du champignon, qui se répandent en grand nombre entre les cellules; et que, par les stomates, ces filaments, isolés ou réunis, se dirigent vers l'extérieur. Ces parties extérieures ont une membrane un peu plus épaisse, sont d'abord non ramifiées, mais plus loin elles sont tellement subdivisées, que, sous le microscope, elles apparaissent comme de petits arbres A l'extrémité de chaque ramification se trouve une cellule ovale, plus grosse, qui s'ouvre après maturité, et répand les organes de la multiplication ou spores du parasite. Si on place ceux-ci dans une goutte d'eau, ils germent rapidement et produisent un tuyau d'une faible grosseur. Les filaments parasites, fructifères, ramifiés, qui sortent par les stomates, se trouvent de préférence à la face intérieure des feuilles, mais cependant, quelquefois aussi, à la face supérieure, et forment, suivant les circonstances, une croûte d'abord blanchâtre, puis d'un gris bleu. Cette croûte est uniquement formée de filaments fructifères ramifiés, et de spores qui s'en échappent. Comme la croûte se constitue, sa teinte blanchâtre se transforme aussi et devient gris bleuâtre. La poussière ou la masse pulvérulente, sans couleur, est composée d'un nombre incalculable d'organes de multiplication du parasite. Dans ces derniers temps, celui-ci s'est beaucoup répandu et l'on a cherché les moyens d'obvier à sa propagation. Anciennement il était beaucoup plus rare. Pour combattre ce parasite, il faut tenir compte des observations suivantes :

La plupart des espèces analogues au *Peronospora Schachtii* ont deux sortes d'organes de reproduction; les spores qui sont portées par les filaments fructifères cités plus haut et placés à la surface des feuilles; puis des organes de reproduction qui sont formés dans l'intérieur du tissu des feuilles par le mycélium. Ces derniers passent l'hiver sans changer d'état et germent seulement au printemps de l'année suivante. Ils ont pour fonction d'assurer la conservation et le développement de l'espèce d'une année à l'autre; alors se produit de nouveau l'autre forme des spores qui assurent une propagation immédiate et active.

Chez le *Peronospora Schachtii*, au contraire, on n'a pas encore pu constater la présence de ces sortes des spores passant l'hiver. La transmission de l'espèce d'une année à l'autre doit donc encore avoir lieu d'une autre façon que celle indiquée ci-dessus. Elle se fait pour chaque parasite par la conservation, pendant l'hiver, du tissu de filaments existant à la tête de chaque betterave de semence. Cela a été constaté par des expériences réitérées. C'est par suite de cette circonstance que maintenant, chaque année, la maladie apparaît tout d'abord sur les betteraves porte-graines. Les betteraves atteintes du parasite ne produisent presque pas de tiges, ou restent chétives; les feuilles ont la couleur caractéristique jaune vert dont il a été parlé, et une forme irrégulière. Les porte-graines qui se développent sont, de temps en temps, exclusivement garnis de semblables feuilles malades; dans d'autre cas, il y a, à côté de celles-ci, des feuilles saines. Quand la croissance de la tige est incomplète, les feuilles inférieures offrent souvent des taches d'une couleur claire, jaune vert, plus ou moins étendues et d'une surface inégale. Dans ce cas, il ne tarde pas d'apparaître clairement à la face inférieure de toutes ces feuilles anormales, la croûte de rouille. Les spores qui se forment sont répandues par le vent sur les jeunes betteraves des champs voisins nouvellement préparés. En général le développement du parasite est, au commencement, précaire ; mais, quand les points de départ de son extension sont constitués, et si sa croissance est favorisée par la persistance d'un temps humide et chaud, il peut, à l'improviste, se propager rapidement d'une façon dangereuse pour le cultivateur qui ne pressentait pas la présence de l'ennemi. Un temps sec persistant a, au contraire, le pouvoir d'arrêter son développement, au point que les feuilles atteintes meurent complétement, et que celles qui proviennent alors des bourgeons adventices sont tout à fait saines et n'offrent aucune trace du parasite. Toutefois, la croissance de la betterave est encore retardée et sa qualité est moindre. Pour obvier à ces invénients, il faut, autant que possible, empêcher au printemps, la naissance des parasites, et pour cela, les mesures suivantes sont à conseiller. Il faut d'abord, le plus possible, ne prendre pour porte-graines que les betteraves exemptes de parasites. Personne ne choisira évidemment des betteraves clairement malades au cœur ; mais il est à remarquer, que le champignon peut être répandu plus loin que l'œil ne l'aperçoit. Des betteraves qui, au cœur, paraissent encore tout à fait saines, peuvent cependant déjà receler l'ennemi. Lorsque l'infection ne se déclare que peu avant la récolte, le champignon peut avoir déjà pénétré les bourgeons du centre, mais ne pas être assez développé pour déterminer l'altération des feuilles. Il est difficile d'empêcher que de semblables exemplaires ne figurent parmi les porte-graines choisis dans un champ souvent infecté. On les choisira donc dans les champs ou les parties de champs où le mal n'a pas encore paru, ou bien où il a régné avec peu d'intensité. On observera alors, au printemps, la croissance de porte-graines, et l'on abattra la tête de tous ceux qui porteront des feuilles malades.

Ce travail se fera avant que les tiges qui portent les graines se montrent en grande quantité, c'est-à-dire, avant que la croûte de rouille soit complétement formée et puisse donner des spores. Il est bon aussi d'inspecter de nouveau les porte-graines afin de ne pas laisser employer des exemplaires infectés.

Enfin, il est encore convenable d'enlever complétement des champs les plants reconnus malades, pour éviter la propagation des spores Il est bon aussi d'enterrer de suite les têtes atteintes que l'on abat ; recouverts de terre, les champignons meurent. Si on les laissait entre les autres plantes debout, les spores qui peuvent se trouver sur les feuilles fanées, seraient dangereuses pour les betteraves saines, voisines, surtout si la température extérieure était favorable.

### *Composition des résidus.*

Nous avons cru devoir conclure des différentes analyses des betteraves et de leurs *résidus* après pressage ou diffusion, que la *proportion de cellulose* n'y se trouvait pas exactement établie. Généralement on la détermine par une analyse directe, comme dernier résidu des lavages de toute espèce. On n'obtient alors qu'une quantité correspondante à 1, 3 p. 100 du poids des betteraves, tandis que d'après les analyses de betteraves mêmes, on doit plutôt admettre une teneur de 3 à 4 6 p. 100.

D'un autre côté beaucoup d'analyses des résidus y ont fourni une proportion de matières extractives non azotées, qui est incompatible avec l'effet du travail industriel que la matière a subi.

Ainsi par exemple, on a établi 3,66 p. 100 de substance extractive et soluble dans les résidus diffusion, ce qui nous paraît tout à fait impossible.

Nous avons donc cherché à résoudre ce désaccord de l'analyse avec la pratique, en dosant, contrairement à la marche ordinaire analytique les substances extractives *directement*.

Les lamelles résidus, séchées et pulvérisées, 5 grammes en furent extraites cinq fois par 250 c. c. d'eau pendant l'ébullition. La liqueur filtrée fut évaporée et portée à siccité, le résidu corrigé en rapport aux cendres contenues.

Nous avons trouvé ainsi la partie extractible par l'eau à 0,76 p. 100 des lamelles fraîches correspondant à 3,61 p. 100 des betteraves. Or, le calcul pour la cellulose, ou plutôt le *marc*, fournit, dans ce cas, soit indirectement 4,13 p. 100, correspondant à 3,30 p. 100 de betteraves, ce qui est en concordance parfaite avec la composition des betteraves. D'un autre côté, l'analyse des mêmes résidus, faite de la façon usuelle, c'est-à-dire avec détermination directe de la *cellulose* et indirecte ou par différence de la matière extractive dans les mêmes résidus, nous a fourni pour cette dernière la proportion impossible de 3,49 et celle de 1,40 pour la cellulose; ce dernier nombre devrait faire supposer que les betteraves, après toute l'extraction par l'eau pendant la diffusion, contiendrait encore 2,79 p. 100 de leur poids en matières solubles dans l'eau, ce qui est évidemment un contre-sens.

Ces résultats se trouvent parfaitement corroborés par les analyses d'autres espèces de résidus.

Ainsi un échantillon moyen de *pulpe résidu* de pression double, recueilli pendant toute une campagne et séché sur place, fournit les nombres suivants par la détermination directe de l'extrait aqueux et indirecte ou par différence du *marc*.

Substance sèche totale 29 p. 100.

| | |
|---|---:|
| Marc | 20,12 |
| Cendres | 1,54 |
| Albumine | 2,06 |
| Sucre | 3,00 |
| Matières extractives | 2,28 |
| | 29,00 |

Rapportés aux poids des betteraves, ces nombres fournissent 4,03 p. 100 pour le marc des betteraves ; qui en ce cas ne peut pas, évidemment, regardé être comme de la cellulose pure.

L'analyse de la façon ordinaire, avec détermination directe de la cellulose et indirecte ou par différence de la matière extractive, nous a fourni pour les 29,0 p. 100 de substance sèche :

Cellulose. . . . . . . . . . . . . .     6,96    Correspondent à 1,39 %
                                                 des betteraves.

Cendres . . . . . . . . . . . . . . .    2,54
Albumine. . . . . . . . . . . . . . .    2,06
Sucre . . . . . . . . . . . . . . . .    3,00
Substances extractives, non azotées,
    en dehors du sucre . . . . . . . .   15,44

Ces nombres suffisent pour faire comprendre, que ce qu'on trouve de cette manière comme substance extractive, c'est-à-dire soluble, en dehors du sucre, ne peut pas répondre à la teneur réelle des résidus dans lesquels on ne pourrait nullement admettre 3 p. 100 de leur poids en sucre, et en outre 15,44, c'est-à-dire la quantité quintuple de substances solubles!

On voit donc clairement que ce que les analyses ordinaires fournissent comme *cellulose* ne correspond pas à ce que le fabricant comprend par ce mot ou plutôt par *marc* ; en effet, dans le sens industriel, c'est la betterave ou les résidus sans les substances appartenant au jus, tandis que dans le sens analytique ce marc contient encore des substances extractibles par l'alcool, l'éther et les lessives alcalines et acides, dont le dernier résidu est enfin la cellulose propre, qui ne constitue qu'une fraction du *marc*. Si pour les calculs physiologiques et autres la cellule pure possède un intérêt spécial, le fabricant de son côté n'y attachera qu'une valeur médiocre, tandis que la quantité effective de substances extractives et extraite par l'eau seule, lui fournit plutôt une idée des substances existantes comme jus, et du résidu *marc*, ou betterave moins le jus.

La composition des résidus ensilés (acides) trouvée par notre méthode, a été :

Substance sèche 28,10

Marc (par différence) . . . . . . . . . . . . .   20,97
Cendres . . . . . . . . . . . . . . . . . . . .    2,14
Albumine . . . . . . . . . . . . . . . . . . .     1,89
Substances extractives non azotées, dosées
    directement . . . . . . . . . . . . . . . .    3,10
                                                  ──────
                                                   28,10

Nous devons donc recommander pour tous les essais techniques ou analyses de fabrication, de se servir de la méthode directe d'extraction par l'eau pour trouver les matières extractibles et de préférer pour le *marc* la détermination par différence. Remarquons encore, qu'il n'est pas nécessaire d'employer à ces dosages les matières fraîches, mais qu'un séchage bien soigné ne nuit aucunement au résultat, ainsi que nous nous en sommes persuadé par des analyses comparatives répétées. Or le séchage immédiat permet de recueillir des échantillons moyens pendant une période prolongée. Il est bien entendu que la détermination du sucre, pour être exacte, doit être faite chaque fois avec la matière fraîche.

Voici la composition des lamelles résidus de diffusion après leur expression dans la presse Klusemann, décrite dans le premier supplément page 38.

*En 100 parties des*

|  | RÉSIDUS | EAUX de déchet |
|---|---|---|
| Substance sèche totale .. | 11 20 | 0,60 |
| Marc . . . . . . . . . . . . . | 8,75 | 0,17 |
| Albumine. . . . . . . . . . | 0,74 | 0,087 |
| Cendres . . . . . . . . . . . | 0 40 | 0,173 |
| Substances extractives non azotées . . . . . . . . . | 1,31 | 0,17 |

100 parties de betteraves avaient fourni 80 p. 100 de résidus immédiats, qui par ce pressage ont donné 38 p. 100 de derniers résidus et 42 p. 100 d'eau de déchet.

Voici enfin la proportion de matière albuminoïdes en 100 parties de substance sèche de :

Lamelles résidus immédiats . . . . . . . . . . . . . . . 7,4
Résidus après repressage dans la presse Klusemann. . 6,56
Eaux de déchet. . . . . . . . . . . . . . . . . . . . . . 14,9
Résidus après ensilage. . . . . . . . . . . . . . . . . . 8,13
Pulpes résidus du travail de presses. . . . . . . . . . 7,1
Les mêmes après ensilage . . . . . . . . . . . . . . . 5,7

Voici, d'après les analyses de la station agricoe de Hildesheim, le tableau comparatif de la *composition des résidus de différentes espèces de pression et de diffusion conservées pendant différentes périodes dans les silos.* Ces nombres s'accordent très-bien avec ceux des analyses précédentes et notamment avec les résultats obtenus par M. Maerker.

A.  *Composition de 100 parties de la matière fraîche.*

| RÉSIDUS | SUBSTANCES protéiques | SUBSTACNE grasse | SUBSTANCES extractives non azotées | CELLULOSE | CENDRES pures | SABLE | EAU | MATIÈRE sèche totale |
|---|---|---|---|---|---|---|---|---|
| 1. Résidus pulpes de pression depuis 6 semaines en silos, très-acides. . . . . . | 1,37 | 0,19 | 14,56 | 4,90 | 1,24 | 3,04 | 74,70 | 25,30 |
| 2. Résidus de diffusion, pressés, frais (non ensilotés). . | 0,86 | 0,11 | 7,37 | 1,91 | 0,44 | 0,79 | 88,54 | 11,46 |
| 3. De même. . . . . . . . . . | 0,82 | 0,13 | 6,13 | 2,13 | 0,58 | | 90,20 | 9,80 |
| 4. De même. . . . . . . . . | 0,62 | 0,05 | 4,27 | 1,70 | 0,90 | | 92,46 | 7,54 |
| 5. De même. . . . . . . . . | 0,89 | 0,08 | 5,75 | 2,13 | 0,36 | 0,10 | 90,69 | 9,31 |
| 6. Résidus de diffusion, pressés , ensilotés depuis la campagne précédente fortement acides . . . . . . . | 1,02 | 0,08 | 6,74 | 2,53 | 0,39 | 0,21 | 89,83 | 10,17 |
| 7. Résidus de diffusion, pressés, ensilotés depuis une année fortement acides. . | 0,99 | 0,059 | 5,49 | 2,59 | 1,83 | | 89,04 | 10,96 |

B.    *Composition de 100 parties de la matière sèche.*

| RÉSIDUS | SUBSTANCE protéique | SUBSTANCE grasse | SUBSTANCES extractives non azotées | CELLULOSE | CENDRES pures | SABLE | RAPPORT entre les substances nutritives azotées et non azotées |
|---|---|---|---|---|---|---|---|
| 1. Résidus pulpes de pression depuis 6 semaines en silos, très-acides . . . | 5,41 | 0,75 | 57,55 | 19,37 | 4,90 | 12,02 | 1 : 10,8 |
| 2. Résidus de diffusion pressés, frais (non ensilotés). | 7,55 | 0,95 | 64,31 | 16 63 | 3,86 | 6,70 | 1 : 8,6 |
| 3. De même . . . . . . . . | 8,35 | 1,36 | 62,56 | 21,78 | 5,95 | | 1 : 7,7 |
| 4. De même . . . . . . . . | 8,28 | 0,71 | 56,61 | 22,52 | 11,91 | | 1 : 8,9 |
| 5. De même . . . . . . . . | 9,59 | 0,80 | 61,72 | 22,88 | 3,89 | 1,12 | 1 : 6,5 |
| 6. Résidus de diffusion, pressés, ensilotés depuis la campagne précédente, fortement acides. . . . . | 10,02 | 0,80 | 58,40 | 24,88 | 3,87 | 2,03 | 1 : 5,9 |
| 7. Résidus de diffusion pressés, ensilotés depuis une année, fortement acides. | 9,06 | 0,54 | 50,04 | 23,63 | 16,73 | | 1 : 5,6 |

C'   *Eau de déchet provenant de la pression des résidus diffusion dans la presse Klusemann.*

EN 100 PARTIES DE L'EAU DE DÉCHET

| FORME DE LA PRESSION | SUBSTANCES protéiques | SUCRE | MATIÈRES organiques, non sucrées | POTASSE | ACIDE phosphorique | SUBSTANCES minérales autres, solubles dans l'acide | SABLE et argile | EAU |
|---|---|---|---|---|---|---|---|---|
| 1. Résidus pressés jusqu'à 35 % du poids des betteraves . . . . . . . . . . . . . . . . | 0,076 | 0,255 | | 0,021 | 0,004 | 0,138 | 0,634 | 98,872 |
| 2. Résidus pressés jusqu'à 40 % du poids des betteraves. . . . . . . . . . . . . . . . | 0,076 | 0,252 | | 0,022 | 0,011 | 0,129 | 0,676 | 98,834 |
| 3. Résidus pressés de manière à retenir encore 90 % d'eau. . . . . . . . . . . . . . . . | 0,038 | 0,175 | 0,020 | 0,014 | 0,005 | 0,071 | 0,015 | 99,662 |

EN 100 PARTIES DE LA MATIÈRE SÈCHE DES EAUX DE DÉCHET

| FORME DE LA PRESSION | SUBSTANCES protéiques | SUCRE | MATIÈRES organiques, non sucrées | POTASSE | ACIDE phosphorique | SUBSTANCES minérales autres, solubles dans l'acide | SABLE et argile | EAU |
|---|---|---|---|---|---|---|---|---|
| 1. Résidus pressés jusqu'à 35 % du poids des betteraves. . . . . . . . . . . . . . . . | 6,74 | 22,60 | | 1,86 | 0,34 | 12,26 | 56,20 | |
| 2. Résidus pressés jusqu'à 40 % du poids des betteraves . . . . . . . . . . . . . . . . | 6,52 | 21,61 | | 1,89 | 0,96 | 11,04 | 57,98 | |
| 3. Résidus pressés de manière à retenir encore 90 % d'eau. . . . . . . . . . . . . . . . | 11,24 | 51,78 | 5,92 | 4,14 | 1,48 | 21,01 | 4,43 | |

# LIVRE DEUXIÈME

## L'extraction du jus.

*Laveuse Robert.*

**M.** Robert se sert avec le meilleur effet d'une *laveuse* à betteraves construite d'après le même système que l'appareil unique à diffusion, dont nous avons rendu compte dans le premier supplément. Cette laveuse produit un mouvement descendant, suivi d'un mouvement ascendant de la betterave submergée et par suite un lavage très-complet. On remarquera que ce mouvement à travers le courant d'eau contraire ne demande pas beaucoup de force, puisque le poids spécifique de la betterave ne diffère pas beaucoup de celui de l'eau et que par suite le poids réel des racines à déplacer dans l'eau n'est que peu important.

La figure 1 représente cette laveuse en coupe verticale, dont voici la légende :

*a.* Réservoir à eau.

*b.* Trémie conique tournante pour l'arrivée des betteraves.

*c.* Cône distributeur.

*d.* Double fond perforé avec les ouvertures

*e,* à la circonférence.

*gh.* Palettes disposées en hélice, attachées à l'axe immobile *l.*

*m.* Ouverture de sortie pour les betteraves lavées.

*no.* Trous d'homme.

*p.* Tuyau amenant l'eau fraîche.

*rt.* Engrenage pour le mouvement de la trémie.

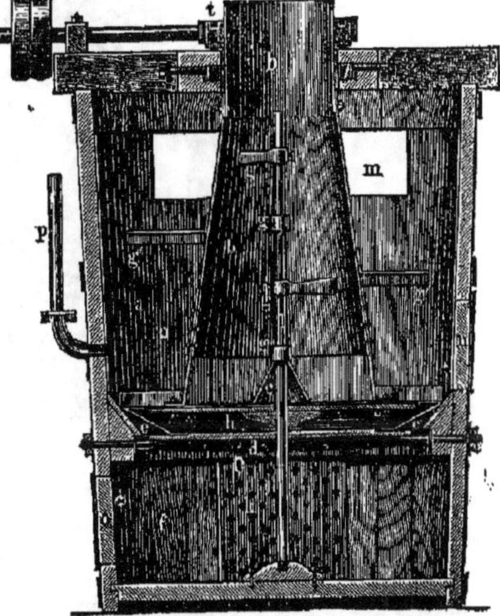

Fig. 1.

Les betteraves tombent dans la trémie *b,* qui, en tournant autour de l'axe fixe fait descendre les betteraves au fond par l'action des palettes posées en hélice. Entre $x$ et $h$ les betteraves sortent par l'ouverture circulaire de la trémie, sous la direction qu'elles prennent par le cône distributeur *c*; elles remontent ensuite dans la capacité extérieure sous l'influence des palettes $g'$ tournant avec la trémie et vont retomber à l'extérieur par l'ouverture $m$.

L'eau fraîche coule sans interruption par le tuyau $p$; la terre, détachée des racines, tombe par $e$ dans la capacité inférieure $f$, tandis que l'eau découle par une ouverture au fond protégée par un tamis.

L'axe $l$ avec les palettes est fixe ; la trémie tourne seule.

Les ouvertures autoclaves $o$ et $n$ servent au nettoyage des capacités $f$ et $a$ respectivement.

Râpe à betteraves.

Nous donnons ci-après dans la figure 2 (d'après la *Sucrerie indigène*), la description et une vue en coupe verticale de la râpe *Joly*. Cette râpe se distingue de la râpe ordinaire à sabots par les dispositions suivantes :

1° M. Joly a remplacé les pousseurs à sabot, qui appuient mécaniquement et

Fig. 2.

d'une façon intermittente les betteraves contre la denture de la râpe par une trémie, courbe ou volet $G$, en fonte ou en tôle, qui occupe toute la largeur du tambour,

Ce volet présente à sa partie supérieure une large entrée aux betteraves qui descendent du laveur et se rapproche de plus en plus du tambour jusqu'à lui être tangent à la partie inférieure. Il est mobile autour du boulon entretoise qui réunit les deux parties supérieures du bâti et peut s'éloigner du tambour sous l'effort des betteraves qui se présentent au râpage ; mais il est toujours ramené vers la position normale, représentée sur la figure par l'effet du levier à contrepoids $D$, de sorte qu'il agit automatiquement, comme un pousseur à effet continu, et que l'introduction des betteraves à la râpe peut se faire sans aucune main-d'œuvre, pourvu que l'on emploie un épierreur efficace.

2° Dans la râpe ordinaire, la pièce de rencontre est formée d'une plaque en fonte de 1 à 2 c. d'épaisseur que l'on rapproche le plus près possible de la denture du tambour, et parallèlement à l'axe de celui-ci, de manière à éviter qu'il ne passe avec la pulpe par cet intervalle des semelles qui ne produisent pas de jus et qui gênent le pressage. Ici, la pièce de rencontre est formée de toute autre façon : c'est une pièce de bois en deux parties, dont l'une est fixe et dont l'autre $L$, mobile autour d'une articulation, épouse l'arc inférieur de la circonférence du tambour, dont il peut être éloigné ou rapproché au moyen d'un levier $B$, manœuvré par vis et manivelles $C$, à la manière d'un frein. On peut ainsi réduire à sa plus simple expression la distance entre la pièce $L$ et la denture du tambour ; on peut même faire cet ajustement en usant cette pièce de bois par le mouvement de la râpe. On conçoit que lorsque la pulpe est engagée entre la pièce $L$ et le tambour sur un arc de 40 à 50 cent. de développement, les parcelles de betteraves composant cette pulpe sont atteintes un grand nombre de fois par la denture de la râpe avant qu'elles puissent être expulsées, d'autant plus que cette expulsion ne peut se produire que sous l'action de la denture elle-même, car la position horizontale de la pièce $L$ et l'effet de la force centrifuge qui colle pour ainsi dire la pulpe contre sa paroi interne, n'y aident en aucune façon. La pulpe sortira donc exempte de semelles, même quand la denture serait grossière.

La pulpe vient frapper, en sortant, un tablier et tombe dans un bac placé sous le bâti de la râpe, bac qui n'est pas représenté sur la figure. Une espèce d'auge en fonte, boulonnée au-dessus de la partie fixe de la pièce de rencontre et disposée, comme elle, le plus près possible de la denture du tambour, est évidée vers le milieu de sa longueur et laisse échapper par cet évidement (non représenté sur la figure, mais qui se trouve vers le boulon) la pulpe qui a pu être projetée et passer par le dessous ou par les côtés du volet $G$. Cette pulpe tombe de là dans le bac.

3° Dans le principe, M. Joly n'avait armé le tambour de sa râpe que de 24 lames juxtaposées à chacune des clavettes ; mais plus tard, ayant reconnu que dans ces conditions la denture s'usait vite et qu'elle exigeait pour obtenir de la pulpe fine un soin particulier dans son entretien et dans son réglage, il en doubla le nombre et le porta à 48, en mettant une lame supplémentaire contre le latteau placé entre deux lumières consécutives. Aujourd'hui M. Joly, pour les mêmes raisons que ci-dessus, fait des tambours à 30 et 40 lumières qui peuvent porter, avec les lames intermédiaires, 60 ou 80 lames, tout en conservant la même facilité de remplacement des lames usées ou détériorées. Cet entretien de la denture se fait sur place, sans retirer le tambour de ses coussinets, par les ouvertures fermées par deux portes placées de chaque côté des joues verticales de l'enveloppe du tambour; en ouvrant ces deux portes et en faisant tourner le tambour à la main, on fait arriver successivement toutes les lames devant l'ouverture; on les visite et celles qui ont besoin d'être remplacées ou réglées le sont avec la plus grande facilité : on n'a qu'à desserrer la clavette la plus voisine, faire le changement et remettre la clavette en place. Dans toutes les râpes, l'entretien et le règlement de la denture constituent l'opération la plus délicate et la plus importante si l'on veut obtenir toujours le même travail; avec les râpes ordinaires, cette opération exige qu'on enlève le tambour de ses coussinets, c'est-à-dire qu'on perde un temps assez considérable ; aussi ne se fait-elle ordinairement que tous les deux jours, de sorte que, sans parler des accidents qui peuvent réclamer une réparation immédiate, en commençant avec la garni ure mise à neuf, l'on obtient des grains et qu'en finissant avec les lames usées on obtient de la bouillie. Ici cette opération offre une si grande facilité qu'elle peut être exécutée à chaque repos, — quelques minutes suffisent, — et qu'en en chargeant spécialement un ouvrier soigneux, l'on est certain d'avoir une pulpe toujours uniforme.

Le nombre de lames mises au rebut est très-réduit. Nous voyons dans une lettre de M. Ch. Manuel, fabricant de sucre à Dijon, qui a monté la râpe Joly et qui en est très-satisfait, que jusqu'au moment des betteraves gelées (campagne 1871-72), il n'a usé qu'une lame par jour et plus tard, avec quelques avaries causées par des morceaux de fer passés à la râpe, ce nombre a été seulement en moyenne de 3 par jours.

La vitesse de la râpe est de 1,000 à 1,200 tours par minute.

La râpe de M. Joly paraît être un très-bon outil; mais, comme les instruments analogues, il demande une surveillance intelligente, rendue d'ailleurs très-facile par la disposition de ses principaux organes. La simplicité de sa construction, ses dimensions et son poids relativement réduits, l'inutilité d'un tambour de rechange, permettent d'en abaisser le prix sensiblement au-dessous de celui des râpes ordinaires.

### Usines centrales.

Nous avons donné page 26 et suivantes du premier supplément la description sommaire de l'usine centrale de Meaux. Les développements extraordinaires qui se manifestent incessamment dans les installations nouvelles de ce genre et les progrès qu'on voit se produire dans l'étendue et l'importance de ces usines avec leurs râperies, nous engagent à reproduire ici quelques détails sur l'usine centrale de *Cambrai*, que nous empruntons à la description publiée par M. Dureau dans le *Journal des fabr. de sucre* (XII, n° 44).

Cette usine, une des plus considérables et des plus grandes du système des râperies, est située à Escaudœuvre, sur le canal de l'Escaut et sur la route de Cambrai à Douai. Elle comprend 14 râperies et une canalisation de 100 kilom. de tuyaux, d'un diamètre de 90 à 250 millimètres; leur distance à l'usine varie de

7 à 32 kilomètres. Le réseau de cette usine sera porté à 150 kilomètres et le nombre des râperies à 25, pouvant produire un travail de 250 millions de kil. de betteraves pour lequel l'usine est construite, dont les bâtiments s'étendent sur un terrain de 8 hectares.

Le jus des râperies arrive dans une cloche d'air en communication avec un réservoir cylindrique en tôle de 5,000 hectolitres, placé à environ 400 mètres de l'usine et qui reçoit le trop plein de ces jus, qu'on peut isoler complétement des appareils. De la cloche ou récipient à air dans lequel arrivent les jus, ceux-ci se rendent au réchauffeur, dont ils peuvent être isolés par un robinet double en cas de nettoyage. Ce réchauffeur est une pièce qui a 400 mètres carrés de surface de chauffe. En sortant du réchauffeur, les jus vont dans les chaudières à carbonater, au nombre de 6, dont 4 pour la première et 2 pour la seconde carbonatation. Ces chaudières, d'une contenance utile de 500 hect., ont 6 m. de côté; les serpentins ont 200 millimètres de diamètre. Une feuille de tôle bombée de 2 m. de diamètre reçoit le lait de chaux et le répartit dans la masse. Le gaz se divise par 8 branches des barboteurs. Ces chaudières sont surmontées d'une hotte en tôle faisant pièce avec la chaudière et terminée par une cheminée de 1m,25 de côté, qui sert à l'évacuation des vapeurs et du gaz. Cette hotte, munie d'une couverture permanente à la hauteur du bord de la chaudière et qui ressemble à celles dont on surmonte les bassines à évaporer ou à cuire à air libre, rend de très-grands services et dispense d'émousseur.

Les décanteurs ont la contenance des chaudières; un tuyau à genouillère sert à la décantation, qui se fait à l'abri du contact de l'air. Les jus clairs coulent dans un bac rond de 600 hectolitres, dans lequel on met la chaux de 2° carbonatation ce bac se vide par une pompe centrifuge qui remplit chaque chaudière de 2° carbonatation en 7 minutes. Quant aux écumes, elles coulent dans deux monte-jus qui les refoulent dans 16 filtre-presses.

Les jus de la 2° carbonatation, décantés, passent sur un débourbeur et de là dans les filtres clos à noir au nombre de 8, de 1m,800 de diamètre sur 2m,500 de hauteur. Les filtres sont mobiles et vont, par un chemin de fer, de leur place à l'atelier du noir. Une innovation sera faite la campagne prochaine : les jus couleront sur un seul filtre de 3m,50 de diamètre, et les sirops sur un autre filtre unique de 2m,50 de diamètre.

Les jus filtrés se rendent au triple-effet, construit en cuivre et en fer et combiné pour un travail de 25,000 hectolitres de jus, et dont les chaudières différentielles ont successivement 4m,500, 5 m. et 5m,600 de diamètre. Une pompe à jus mue par la machine de la pompe à air qui a 70 chevaux de force, alimente cet appareil. Une pompe prend l'eau de retour des deux chaudières du triple-effet pour l'envoyer aux générateurs. L'appareil à cuire a un diamètre de 5m,500 sur une hauteur de 4 mètres; les cuites qu'il fournit sont de 6 à 700 hectolitres. La cuite coule alternativement dans deux bacs, d'où elle est envoyée aux turbines, au nombre de 16, mais qui sera porté à 45.

Ces turbines sont desservies par un chariot sur une voie ferrée et elles sont munies chacune d'un bec fixe qui reçoit la charge à turbiner. Les sirops de 2° et

3ᵉ jets se rendent après la cuite dans l'empli, composé de 45 bacs ronds de 725 hectolitres chacun.

L'atelier du noir comprend 2 fours du système Schreiber de 120 hectolitres chacun, deux laveurs à eau et un laveur à vapeur. Les générateurs sont au nombre de 12 de 200 mètres carrés de surface; ils ont une cheminée en tôle de 1ᵐ,25 de diamètre pour deux générateurs. Le nombre des générateurs sera porté à 24, ce qui fera une force de 3,500 chevaux.

Le four à chaux est de 500 mètres cubes; il est alimenté par un monte-charge mû par une machine de 4 chevaux. Les tuyaux de gaz ont 0ᵐ,500 de diamètre; la soufflerie, d'une force de 60 chevaux, a un piston de 1ᵐ,500 de diamètre. L'atelier de la chaux se compose de 5 mélangeurs à palettes mobiles pour la préparation du lait de chaux, d'un agitateur, d'un monte-jus qui envoie la chaux à la carbonatation.

L'eau de condensation pour le triple-effet est aspirée par deux tuyaux de 0ᵐ,250 et 0ᵐ,150 de diamètre.

La pierre à chaux est extraite dans une carrière appartenant à l'usine; elle se rend au four à chaux par un petit chemin de fer.

### Travail des presses.

Pour apprécier le travail des presses et des râpes, et notamment pour établir les bases de comparaisons exactes entre le travail de différentes presses, M. Woussen a proposé et recommandé les moyens suivants dont l'emploi, quelque peu généralisé, devra conduire enfin à des moyennes définitivement comparables.

Un premier point à examiner, c'est la question de la *pulpe* entraînée avec le jus. On sait pourquoi cela est nuisible; les presses continues, pour la plupart, produisent un jus contenant des quantités remarquables de pulpe, et on cherche à remédier à ce mal en faisant passer le jus dans un tamiseur, ce qui est un remède cependant qui n'est pas sans objections. Dans tous les cas, la pulpe *fine* n'est pas retenue par les tamiseurs, mais passe toujours, en quantité variable, dans le jus.

Pour déterminer cette quantité par le produit des presses de l'un ou de l'autre système, on ne saurait se servir de la filtration à travers le papier, puisque le jus se refuse à cette opération et ne passe pas en quantité suffisante.

M. Woussen tourne cette difficulté en mélangeant le jus immédiatement au sortir de la presse avec une grande quantité d'alcool (deux volumes d'alcool pour un de jus), et laissant déposer le mélange dans une longue éprouvette à pied. La hauteur des dépôts, après un temps égal de repos dans les mêmes conditions, fournit ainsi une première comparaison approximative.

On décante ensuite, on reprend le dépôt par de l'eau alcoolisée de la moitié de son volume d'alcool; on laisse encore déposer, on décante une seconde fois et on jette le dépôt sur un filtre. On lave avec de l'eau alcoolisée, on sèche à 100° et on pèse enfin.

Le fait que le dépôt ainsi dosé contient, outre la pulpe, des matières organiques coagulées par l'alcool, n'altère pas sensiblement la comparaison, surtout s'il s'agit de betteraves de même provenance, tandis que même la pulpe la plus fine se trouve constatée par les poids des dépôts lavés et séchés.

Dans ces dépôts se trouvent aussi les matières terreuses qui étaient dans la pulpe; mais comme elles sont entraînées dans le jus par les mêmes causes que la pulpe, cette circonstance rend l'essai encore plus concluant. Du reste, on pourrait aisément, par une incinération, trouver leurs quantités et faire ensuite une correction, si on le trouvait nécessaire.

Par suite de la différence de l'action des presses sur les cellules plus ou moins déchirées, il se fait que la richesse de *jus resté dans la pulpe* n'est pas la même que celle du jus exprimé, et la comparaison de ces deux richesses peut souvent fournir des bases intéressantes de comparaison. Cependant nous ne croyons pas que la méthode proposée par l'auteur pour trouver et utiliser à la comparaison ces différences, puisse servir à baser un jugement plus exact sur le travail exécuté, que la détermination simultanée du sucre et de l'eau dans les résidus, en même temps que celle de la proportion de ces derniers. On ne pourra pas, de notre avis, se passer de ces déterminations rigoureuses, complétées par le dosage de la pulpe entraînée d'après la méthode de M. Woussen, qui nous semble excellente et qui comble une lacune très-connue. Enfin nous recommandons avec l'auteur de faire toujours ces essais *sur place*. Bien qu'on puisse par certains moyens (l'auteur en décrit plusieurs), obvier plus ou moins aux changements qu'éprouve la pulpe-résidu pendant le transport de la fabrique à un laboratoire éloigné, nous ne pensons pas, d'après notre expérience, qu'on puisse avoir confiance, pour la *proportion de sucre*, en d'autres dosages que celles exécutées sur place, de sorte que, si les moyens manquaient pour ces essais, on ferait presque mieux de s'en passer.

*Presses continues.*

Les différents systèmes de *presses continues* ont éprouvé de notables perfectionnements et des applications nombreuses. Le caractère le plus remarquable et commun de ces applications consiste dans l'adoption presque générale de la *double pression*.

On s'est approprié à cet égard le procédé que nous avons recommandé avant tous les autres pour la pression (p. 88 du Traité) et qui consiste à mélanger ou macérer la pulpe entre la première et la seconde pression et à faire venir le jus de seconde pression à la râpe, en guise d'eau. Ce procédé appliqué depuis longtemps dans les fabriques à presses hydrauliques, réputé dangereux pour la qualité du jus (mais à tort), est évidemment une condition indispensable pour la réussite de l'extraction par presses continues. En effet, celles-ci ne sauraient donner, sans la double pression, exécutée de la façon indiquée, une quantité suffisante de jus, à moins d'une double application d'eau et d'une augmentation proportionnelle des frais d'évaporation.

Il est impossible, pour le présent, de se prononcer définitivement sur les mérites et les qualités des diverses presses continues : il faut attendre pour cela que d'une part la période de développement de ces ingénieux outils soit arrivée à un point d'arrêt et que d'autre la pratique se soit prononcée plus positivement sur leur valeur comparative. Encore ne pensons-nous pas que la préférence pourra être attribuée inconditionnellement à l'une ou l'autre presse : perfectionnées d'après les données de la pratique, elles présenteront probablement toutes des qualités telles que le choix restera toujours difficile.

Cela posé, nous décrirons cette fois et nous représenterons par des dessins clairs et précis quelques-uns des systèmes les plus répandus, en regrettant beaucoup de ne pouvoir encore donner ici une énumération plus complète ; les changements qu'éprouvent presque journellement plusieurs de ces engins ou le plus ou moins de mystère dont ils sont enveloppés, ne permettant pas encore d'en fournir des descriptions détaillées.

### Système Champonnois à pression double.

Nous avons donné, p. 83 de notre Traité, une description de la presse Cham-

Fig. 3.

ponnois, mais qui a dû rester incomplète pour manque de figures. Nous pouvons combler aujourd'hui cette lacune et indiquer en même temps les dispositions pour l'extraction en pression double en travail continu et parfaitement automatique.

On sait que la presse Champonnois, sans toiles, et la plus ancienne des presses continues, est issue de l'ancienne presse Pecqueur; nous renvoyons le lecteur désireux de s'instruire plus en détails sur l'histoire de ces développements aux 20e et 21e volumes de la *Publication industrielle*, qui en contient l'histoire détaillée écrite par M. Champonnois.

Les deux figures 3 et 4 et le détail suffiront, pensons-nous, à faire comprendre l'arrangement actuel des principales parties de cette presse. La figure 3 représente l'ensemble de la presse en élévation suivant une coupe passant par le milieu de la largeur du bâti entre les deux cylindres de pression à surface lisse et à lumières étroites; la figure 4 est une section transversale du corps de presse proprement dit, composé des deux cylindres et de leur enveloppe, ramenée pour en faciliter la représentation de la direction inclinée qu'il occupe sur le bâti dans une position horizontale.

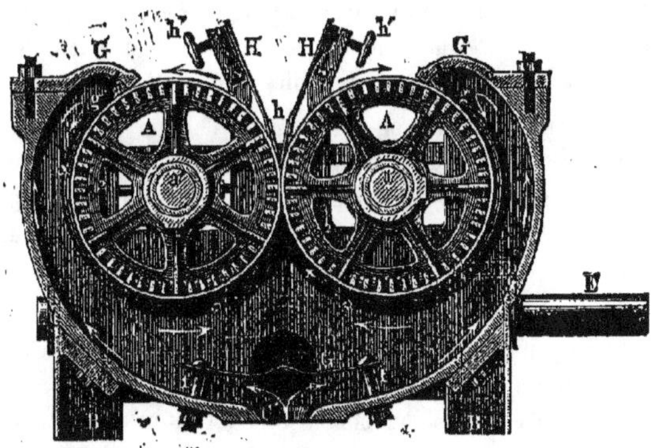

Fig. 4.

Ces figures sont dessinées à l'échelle de 1/15 de l'exécution.

La presse est composée de deux cylindres à claire-voie A et A' placés parallèlement de façon à tourner tangentiellement à l'intérieur de la caisse-enveloppe en fonte C.

Cette caisse est ouverte en dessus et est pourvue sur ses côtés latéraux de parties dressées destinées à s'appliquer sur les bâtis B et B' disposés pour la supporter dans la disposition inclinée représentée fig. 3.

Les axes en fer a et a' des deux cylindres reposent dans des coussinets en bronze b ajustés dans des coulisseaux que présentent les fonds de la caisse, qui sont en outre garnis de deux vis, qui permettent de régler avec la plus grande exactitude chaque cylindre séparément et leur position relative comme écartement et parallélisme.

En outre, chaque axe est maintenu d'un bout, dans le sens longitudinal, par une vis de buttée *d*, et l'autre bout est muni d'une roue à denture héliçoïdale *D* et *D'* engrenant avec une vis sans fin partie de l'axe *E*, lequel reçoit son mouvement de l'arbre moteur par la poulie fixe *P*, à côté de laquelle se trouve une seconde poulie folle.

Le fond de la caisse est muni d'une ouverture centrale *C'*, placée ainsi à la fois au milieu de sa longueur et de sa largeur, soit dans le sens transversal, au milieu de la courbure symétrique qui enveloppe en partie les deux cylindres.

C'est par cette ouverture centrale *C'* que la pulpe est introduite en charge dans la caisse, pourvue à cet effet du robinet régulateur *F*, dont la bride reçoit le tuyau de conduite *F'*.

En outre, pour que la pulpe se trouve régulièrement répartie sur toute la longueur des cylindres, un diaphragme en tôle *G*, maintenu à une distance convenable du fond par des boulons entretoises *f*, force le courant semi-liquide à se diviser en deux nappes sur toute l'étendue en le dirigeant le long des parois; d'un autre côté et en même temps, le mouvement des cylindres entraîne la pulpe inversement afin de la faire passer entre leur circonférence, pour qu'elle s'échappe après avoir subi une pression énergique; c'est ce mouvement de la pulpe qui constitue une des particularités remarquables de ce mode d'extraction.

Comme la caisse est ouverte en-dessus pour dégager les cylindres et laisser sortir la pulpe pressée et qu'il faut néanmoins qu'il y ait une fermeture, des cuirs *g*, repliés sur la surface, sont appliqués à l'intérieur des espèces de chapeaux G vissés de chaque côté, sur les bords longitudinaux de la caisse, dressés à cet effet.

Pour assurer aussi la fermeture hermétique des extrémités, les cylindres sont pourvus à chaque bout d'un cercle en bronze *a'*, et dans les parois intérieures de la caisse sont creusées des rainures circulaires correspondantes, dans lesquelles ces cercles sont engagés et qui contiennent une garniture en cuir sur des segments métalliques, serrés par les vis à manœuvrer à l'extérieur.

La pulpe pressée au moment de son passage entre les deux cylindres adhère à leur surface; pour l'en détacher, deux couteaux en métal *h* sont placés immédiatement à la sortie, près de la tangente, de façon à s'appliquer exactement de chaque côté et sur toute la longueur. Ces couteaux sont fixés sur les plaques *H*, montés à articulation sur les supports *H'*, boulonnés aux extrémités de la caisse, de telle sorte qu'au moyen de petites vis de buttie *h'*, on peut régler la position des couteaux, c'est-à-dire assurer leur contact contre la paroi des cylindres.

La pulpe détachée peut alors glisser, grâce à l'inclinaison des cylindres, dans l'espèce de couloir formé par les deux plaques *H*, auxquelles sont fixés les couteaux.

Quant au jus, il passe à travers la surface filtrante des cylindres, et de l'intérieur s'échappe par l'extrémité la plus basse et par un goulot *c²* fondu avec la caisse, dans le récipient destiné à le recevoir.

*Construction des cylindres.* — Chaque cylindre se compose de trois tronçons en bronze reliés intimement entre eux par le moyeu qui est fretté au moyen de cercles en acier et claveté sur son arbre $a$.

Chacun de ces tronçons est fondu avec six croisillons réunis à la circonférence par des barettes qui, également espacées, forment à leur sommet le contour du cylindre destiné à recevoir la garniture filtrante dont la composition est très-importante. M. Champonnois a décrit et appliqué divers moyens de construction de cette garniture, tous ayant pour but de constituer une surface lisse avec fentes étroites à l'extérieur et évasées à l'intérieur.

L'expérience finale lui a fait préférer celle dont nous allons donner quelques détails.

Cette surface est formée par l'enroulement d'un fil triangulaire $x$ (la fig. 5 fait voir ce détail sur une plus grande échelle), dont les espaces sont déterminés et réglés à 1 ou 2 dixièmes de millimètre.

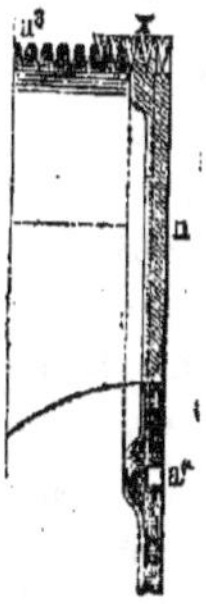

La détermination de ces espaces et la fixation des fils ont lieu au moyen d'un filetage régulier sur l'extrémité des barrettes qui forment les génératrices des cylindres creux qui les supportent, et les fils, dont les dimensions sont régulières en hauteur comme en largeur, se placent avec appui dans les alvéoles $a^3$, produites par le filetage et en s'y ajustant exactement, acquièrent la fixité et la rigidité d'une surface métallique d'une seule pièce et de même épaisseur. Par la régularité du filetage qui s'obtient aisément sur le tour et par celle du fil qui s'obtient aussi facilement par le tréfilage et même par le laminage, on arrive à la régularité dans la lumière suivant les dimensions qu'on a déterminées. La plus grande difficulté

Fig. 5.

dans l'exécution a été d'obtenir l'homogénéité dans la qualité des fils : les uns résistaient plusieurs années, sans altérations et sans allongements, tandis que d'autres, ou bien cassaient spontanément et sans le plus faible effort, ou bien s'allongeaient indéfiniment et on a dû prévoir, pour remédier à ce dernier défaut, un mode d'attache qui laisse à cet allongement toute liberté en fixant le fil d'un bout au moyen d'un petit coin et en ménageant, à l'autre extrémité du fil et dans l'épaisseur de la paroi d'un des côtés extrêmes du cylindre, une entaille $a^4$, où cette extrémité puisse s'engager en entrant et fuyant dans ladite entaille.

Toujours est-il que la bonne qualité des fils, produit de leur fabrication, est une condition importante pour la durabilité de la construction de la surface filtrante.

Cependant la bonne qualité des fils ne peut pas garantir contre les accidents qui peuvent résulter de la présence dans la pulpe de corps volumineux et résistants, mais leur élimination est facile si, avant le râpage, on n'a déjà pris les précautions nécessaires pour les éviter et surtout si on fait usage de la râpe centrifuge Champonnois (p. 61 du Traité) qui sert en même temps de tamiseur.

Toutefois, la composition de cette surface filtrante a cet avantage que la substitution d'un fil neuf à un fil cassé ne présente aucune difficulté et peut s'exécuter en peu de temps par tous les ouvriers ordinaires des fabriques, car quelques soins qu'on ait apportés au lavage et à l'épierrage des betteraves, et malgré le tamisage de la pulpe qui est facile à pratiquer, on doit toujours prévoir les accidents et la malveillance.

Cette composition de la surface filtrante présente donc toutes les garanties désirables de solidité, de faible usure et de facile entretien; elle est de plus économique, le fil étant d'une fabrication simple et, par suite, d'un prix peu élevé; sa disposition permet un nettoyage facile, car, indépendamment de l'obstruction des lumières par les filaments, quand les lèvres du métal qui forment ces lumières ont les moindres rugosités, il s'attache aux parois intérieures une matière visqueuse qui retient elle-même les parcelles de pulpe et tend à les obstruer. Il suffit, pour y obvier, de passer dans la lumière une lame mince d'acier qui la dégage et rétablit la perméabilité. Cette opération est d'autant plus facile qu'elle peut se faire sans interrompre la marche de la presse : on introduit cette lame à l'une des extrémités du cylindre et, en la maintenant dans cette position, elle suit la lumière dans toute sa longueur, par la spirale qu'elle forme autour du cylindre.

Une autre condition de solidité et de conservation de cette surface, c'est l'adhérence absolue du fil et sa fixité dans les alvéoles; quand on procède à l'enroulement, le fil est maintenu dans un frein dont le serrage est réglé pour un effort de traction de 150 kil. environ. Indépendamment de cet appui, on frappe légèrement avec un outil qui a la forme de cylindre et qui lui fait prendre exactement l'empreinte des alvéoles.

Pour une bonne *marche de la pression*, il est indispensable que la pulpe n'arrive au point de contact des cylindres qu'après avoir été essorée par un contact le plus long possible sur la surface filtrante de ces mêmes cylindres. C'est en effet ce qui a lieu dans cette presse. Comme on peut voir dans la figure 4, où les flèches indiquent les mouvements de la pulpe, la bâche a été construite et le diaphragme *G* a été placé de telle sorte au-dessus de l'entrée, que le mouvement de la pulpe est réglé d'après ce principe.

Il s'établit de cette manière des courants inverses où la pulpe fluide, en arrivant au contact du courant feutré, le parcourt et le rencontre de moins en moins épais et par conséquent de plus en plus perméable au jus. Dans ce parcours, où s'exerce une espèce de pression préparatoire, elle abandonne une partie de son jus avant d'arriver à l'entrée des cylindres, où elle s'applique avec plus de consistance; la pulpe employée peut être plus fine et la quantité de résidus proportionnellement réduite.

Ces dispositions réalisent donc aussi exactement que possible les conditions de pression méthodique et graduée exigées pour la pulpe : la plus grande somme possible de la surface filtrante des cylindres en contact avec la pulpe, un long parcours de cette dernière, en pression contre ces surfaces, et un essorage lent et successif depuis l'entrée dans la bâche jusqu'à la sortie des cylindres où elle éprouve le dernier degré d'expression.

*Installation pour la pression double.*

Les figures 6 et 7 représentent, en élévation complète et en plan partiel l'installation avec leurs accessoires de trois presses, dont deux *de première pressée et une de deuxième pressée.*

Comme on voit à l'examen de ces figures, les presses sont rangées en lignes, à une distance de deux mètres d'axe en axe et fixées sur deux forts madriers placés parallèlement sur un plancher qui est assez élevé au-dessus du sol pour qu'il soit facile d'installer sous celui-ci les pompes et autres appareils nécessaires pour le service de ces presses.

Les râpes centrifuges du système Champonnois, non représentées sur le dessin, sont placées à gauche en-dessus et à l'extrémité du bac à pulpe $J$, dans lequel elles déversent leur produit.

Ce bac a une longueur de quatre mètres environ et est pourvu intérieurement d'une hélice $j$ animée d'un mouvement lent de rotation au moyen des poulies $d$ fixées à l'extrémité de son axe, lequel est en ou're pourvu de ce côté de la brosse $j'$, qui vient frotter sur la grille $k$ à ouvertures étroites de 3 à 4 millimètres de largeur.

L'hélice a pour fonction d'agiter et de mélanger la pulpe en même temps qu'elle la fait progresser vers l'alimentation de la pompe, et la brosse de faciliter le passage à travers la grille destinée à retenir les corps étrangers qui ont pu s'introduire après la sortie de la râpe. Après avoir traversé la grille $h$, la pulpe se rend par le tuyau $K$ dans le réservoir d'air $L$, en communication pour l'aspiration avec la pompe $M$, qui envoie ce jus dans le réservoir de refou'ement $L'$, d'où il se rend par le tuyau $N$ dans le conduit $N'$, qui alimente les presses n° 1 et n° 2 de première pression.

Le réservoir d'aspiration $L$ est muni d'une cloison intérieure $l$, qui isole la partie supérieure renfermant l'air dilaté, afin que l'aspiration ait lieu à la base de la colonne de liquide, et un clapet de retenue $l'$ est placé entre la pompe et le réservoir.

Ce réservoir d'air à l'aspiration n'est commandé dans cette installation que parce qu'il n'y a qu'un seul corps de pompe pour ce service et qu'il est très-éloigné de la bâche à pulpe. Il a pour but d'entretenir dans la conduite un courant continu.

La pompe est des plus simples et à courant direct; elle est formée d'une enveloppe verticale en fonte $M$, fermée en bas, avec garniture en dessus pour le passage du piston $m$. Celui-ci n'est autre qu'un tube en cuivre qui se meut le long du tuyau d'ascension $n$.

A cet effet, ce tube-piston est muni de boutons qui servent à le rattacher à la bielle motrice $B'$, et il est garni à sa partie supérieure d'un cuir embouti qui fait joint sur le tuyau $n$ sur lequel il glisse; sa partie inférieure porte le clapet d'aspiration; celui de refoulement est placé à la base du tuyau fixe $n$. Sur la tubulure qui établit la relation entre le tuyau $n$ et le réservoir d'air de refoulement $L'$ est placée une soupape de sûreté $n^2$.

On remarque que l'arbre moteur $o$, porté par le bâti double $O$ et sur lequel est calée la poulie motrice $O'$, est terminée par deux manivelles $o^1$ et $o^2$ de telle sorte que ce même arbre commande à la fois la pompe $M$ et celle $M'$, cette dernière destinée à alimenter la presse n° 3 de seconde pression.

Les deux presses n° 1 et n° 2 de première pression se trouvent donc ainsi ali-

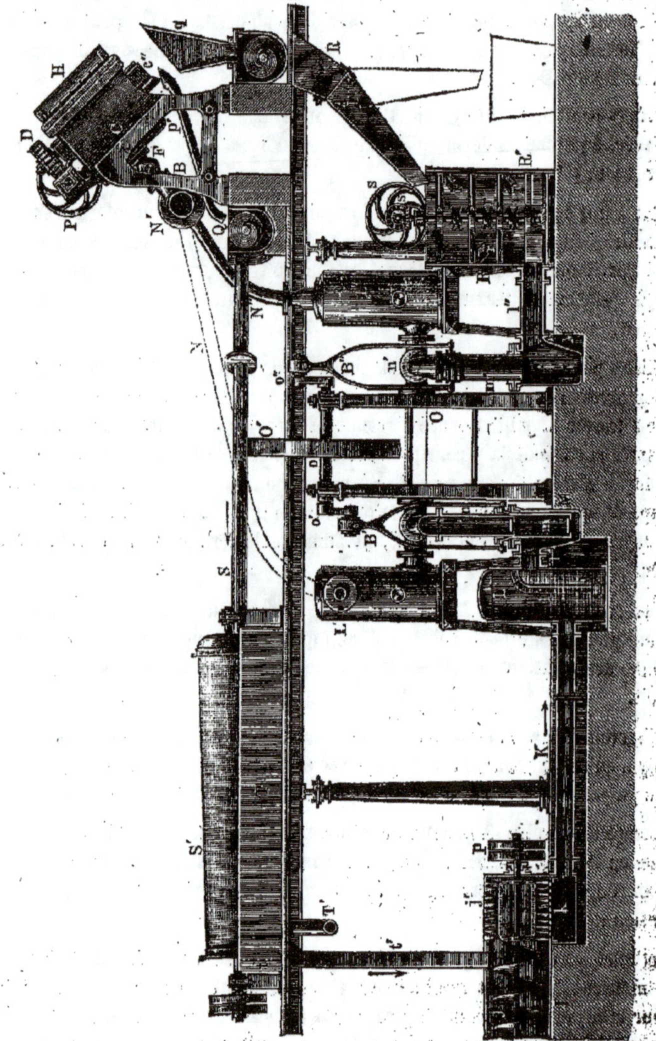

Fig. 6.

mentées par la pompe $N$, le conduit $N'$, sur lequel sont greffés les tubes $F'$ qui communiquent directement, par le robinet $F$, avec les caisses enveloppes $O$ des presses.

Le jus extrait de celles-ci sortant de chaque cylindre se rend des dégorgeoires $c^2$ par les gouttières inclinées $p'$ dans la nochère longitudinale $Q$, tandis que la pulpe pressée, glissant entre les plaques $H$, tombe dans la trémie $q$ et de là dans la nochère $Q'$, placée parallèlement à la première au-devant des presses.

Au moyen d'une hélice, la pulpe est conduite dans la trémie articulée $R$, qui la laisse tomber soit dans un récipient destiné à le recevoir si on la juge épuisée, soit dans le malaxeur $R'$ si on veut la soumettre à la seconde pression.

La préparation de la pulpe de première pression exigeant, pour passer à une deuxième pression, l'addition d'une fois à une fois et demie son poids d'eau avec un mélange convenable, donne à traiter une matière pâteuse qui n'est pas assez fluide pour être introduite dans la pompe par voie d'aspiration, ce qui exige par conséquent des moyens d'alimentation spéciaux.

Le malaxeur $R'$ permet aisément cette alimentation, en même temps qu'il opère le mélange de l'eau et de la pulpe.

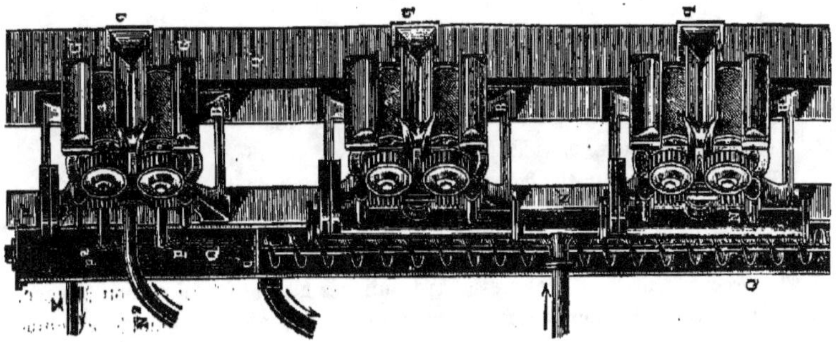

Fig. 7.

Cet appareil porte sur sa périphérie intérieure des lames fixes $r$, qui empêchent la matière de tourner et d'être entraînée par les lames obliques et montées sur l'arbre vertical qui reçoit la commande du moteur par une paire de roues d'angle et la poulie $s$.

Les lames fixes ont une obliquité telle qu'elles obligent la matière de se porter sur le fond du malaxeur; là, le dernier bras muni de palettes la refoule par le tuyau $l^2$ dans le corps de pompe $M'$.

La pompe $M'$, ainsi alimentée, refoule la pulpe par un piston $m'$ et le tuyau $n'$ dans le réservoir d'air $L^i$, en communication par le tuyau $N^2$ avec la caisse de la presse $N^o$ 3; le jus extrait par celle-ci se rend par les conduits $p^2$ dans la nochère $Q$.

Cette nochère est en communication par le tuyau $X$ avec la râpe, pour que le jus puisse y être dirigé et mélangé à la pulpe de première pression. On remarque aussi que dans la partie communiquant avec les presses 1 et 2, elle renferme une hélice : celle-ci a pour fonction de balayer la mousse qui se rassemble à la surface et de la pousser dans le sens inverse du courant de jus pour la diriger, soit dans le tamis, soit dans le bac du monte-jus, en l'éteignant au besoin dans ce parcours par un jet de vapeur.

Le jus (de première pression), débarrassé des mousses, s'écoule jusqu'à la cloison $q'$ et de là par le tuyau $S$ dans le blutoir $S'$. Celui-ci n'est autre qu'un tamis cylindrique de féculerie incliné et mobile dans l'auge $T$, qui est terminée par un compartiment $t$, dans lequel débouche sa partie ouverte la plus basse.

Le jus traverse les mailles serrées du tamis, tombe dans l'auge et s'écoule par le tuyau $T'$, qui le conduit au récipient, tandis que la pulpe glisse à l'intérieur, tombe dans le compartiment $t$, et là le conduit incliné $t'$ l'amène dans le bac $J$, d'où elle est prise par la pompe $M$, qui l'envoie de nouveau aux presses N° 1 et N° 2.

D'après les communications les plus récentes de M. Champonnois, ce système a fourni, pendant une campagne entière, les résultats suivants.

Quantités travaillées pendant une campagne et dans une même fabrique :

Avec presses hydrauliques, 14 millions kil.

Avec presses continues,     21,5.

|  | Presses | |
| --- | --- | --- |
|  | Hydrauliques | Continues |
| Résidus pour 100 du poids des betteraves. . . . | 18,63 | 24,10 |
| Proportion de sucre dans les résidus p. c. . . . | 6,43 | 3,29 |
| Reste en sucre pour 100 de betteraves. . . . . | 1,20 | 0,79 |
| Jus naturel obtenu. . . . . . . . . . . . . . . | 82,77 | 87,15 |

Ce résultat serait encore plus avantageux pour les presses continues si, comme c'est le cas ordinairement, les presses hydrauliques avaient fourni 20 ou 21 p. c. de résidus. Du reste, nous ferons observer que sans la pression double exécutée avec les presses continues, celles-ci n'auraient point fourni un résultat aussi satisfaisant, qui serait resté plutôt sensiblement inférieur à celui des presses hydrauliques.

### Système Poizot à pression double.

Nous avons, p. 77 et ss. du Traité, décrit et représenté l'ancienne presse continue Poizot et Druelle, avec laquelle on a travaillé dans un certain nombre de fabriques pendant plusieurs années et avec pression unique.

Depuis, de très-importants perfectionnements ont été exécutés par M. Poizot, qui travailla pour la première fois en 1872-73 avec un système de *double pression* qui déjà en 1873-74 trouva de nombreuses applications, qui toutes paraissent avoir donné des résultats fort satisfaisants. Le rendement, avec ce système, d'après les communications de l'inventeur, est des plus remarquables et s'explique par le genre de pression qui, tout en produisant un certain degré d'écrasement, comme toutes les presses à rouleaux, est caractérisée par une durée plus longue, par suite de la construction adoptée.

La main-d'œuvre, même pour la pression double, est tout à fait insignifiante avec ce système ; en prenant une presse pour seconde et une ou deux presses pour première pression, un homme ou un garçon suffit pour la conduite du travail total.

La figure 8 montre un système de deux presses conjuguées, de 1,6 mètre de

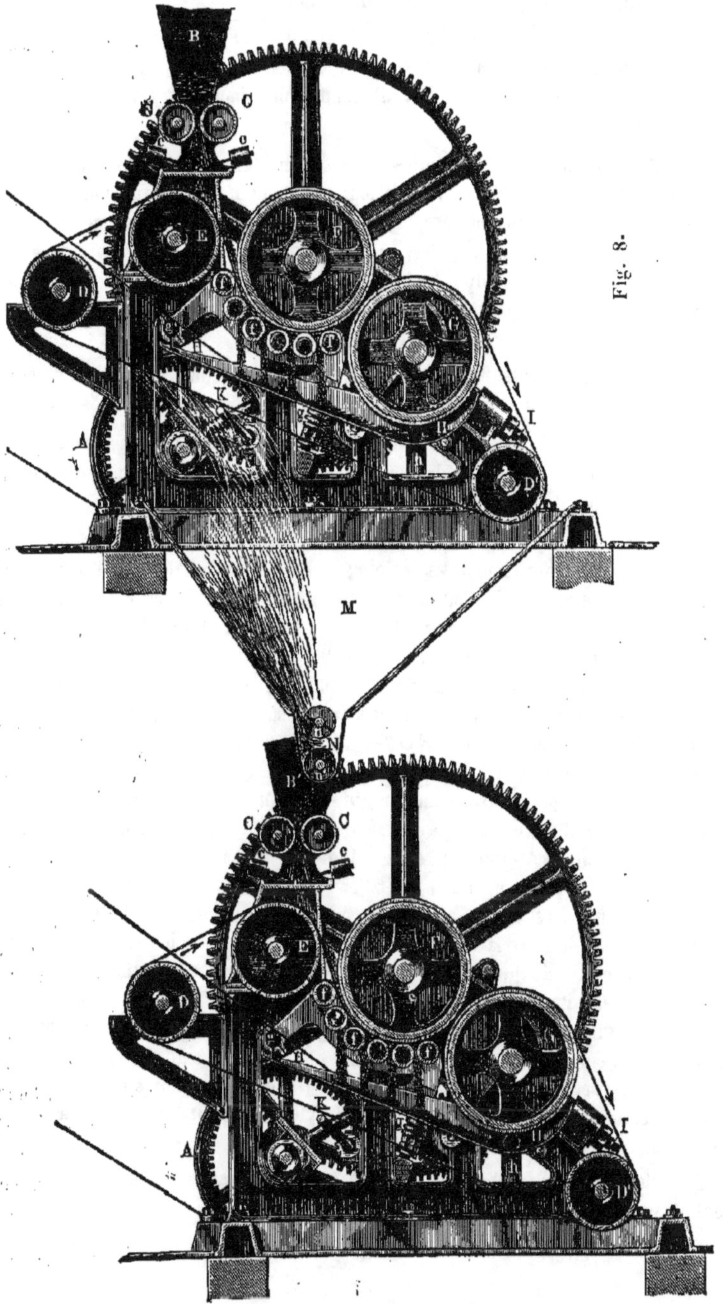


longueur des cylindres presseurs; la construction est en beaucoup de points semblable à celle décrite dans le Traité, mais on remarquera tout d'abord qu'elle est de beaucoup plus simple et par suite plus pratique.

Le perfectionnement le plus important consiste dans l'application d'une *seule toile*, au lieu de deux employées dans l'ancienne presse. Par suite, les frais sont essentiellement diminués et le travail rendu plus facile et moins sujet à des irrégularités.

Les deux machines sont identiques en tous points, excepté l'appareil macérateur des résidus, qui est appliqué à l'inférieure seulement. Pour une longueur des cylindres de la presse supérieure, de 1,6 mètre, il suffit que ceux de la presse inférieure en aient une de 1 mètre, et c'est ainsi que se fait le travail dans des exploitations de peu d'étendue; mais pour un travail plus grand, on préfère combiner deux presses de première avec une de seconde pression et donner à toutes une longueur de cylindre égale, de 1,6 mètre.

Les mêmes lettres désignant dans les deux presses les mêmes objets, la description sera la même pour chacune.

La presse reçoit le mouvement par la poulie *A*, qui le transmet aux autres parties de la presse au moyen de roues dentées et de courroies, ce que nous ne poursuivrons pas dans les détails.

La pulpe est introduite dans la trémie *B* ou *B'* et distribuée régulièrement par les rouleaux *C C* sur la toile sans fin *x*, *x*. Le débit se règle par l'écartement variable des rouleaux *C C*, dont la pulpe est enlevée par les lames *c c*, maintenues en contact au moyen de contre-poids. La toile, dont la tension est réglée par les cylindres en bois à coussinets mobiles *D D'*, passe d'abord sur le rouleau en bois *E*, reçoit la charge continue de pulpe et passe avec cette charge au-dessous du cylindre fixe *F* et entre celui-ci et les 6 rouleaux de faible diamètre *f, f, f*. Ceux-ci, ainsi que les cylindres *F* et *G* sont en fonte, revêtus d'une couche de caoutchouc et à surface imperméable. Les six rouleaux *préparateurs f, f, f* sont placés dans un support courbe commun qui, d'un côté, est mobile autour du point fixe *g'* et qui de l'autre est réglé par la vis de pression *g*, de manière à ce que l'écartement entre ces rouleaux et le cylindre *F* soit maintenu dans la position voulue. Cet écartement, en effet, doit aller en diminuant du premier au dernier de ces rouleaux. C'est là que se produit la pression préparatoire essentielle pour le résultat produit et pour la formation de la bande plus ou moins solide de pulpe. La majeure partie du jus s'écoule pendant cette pression assez faible, mais prolongée et croissante; le jus est recueilli dans le récipient *H* régnant au-dessous de tous les cylindres et s'écoule par le tuyau *h*. La pulpe, par la perte considérable de jus qu'elle a éprouvée, est réduite à un état de résistance suffisante pour pouvoir supporter la pression principale entre *F* et *G sans s'écarter* aux côtés. Pour exercer cette pression, la position du second cylindre *G* peut être réglée par la vis de pression *I* opérant sur les coussinets.

La toile retourne par *D'* et *D* en perdant une partie des résidus, dont le reste est enlevé par l'action du batteur mécanique *K*.

Le jus de la presse supérieure est dirigé à la défécation; le pressin tombe par la trémie $M$ dans la malaxeuse $N$, qui contient les deux mouverons $n$ $n'$ tournant en sens opposé et où les résidus sont bien mêlés avec l'eau qui entre par un long tuyau perforé en arrosoir. La pulpe ainsi préparée passe par $B'$ entre les cylindres $C$ $C$ et ainsi de suite, comme dans la presse supérieure.

Le jus de la seconde presse découle par $h$ et est dirigé sur la râpe, où il sort en guise d'eau.

On voit que ce système ne comprend pas de dépulpeur; en effet, le jus ayant passé à travers la toile, est complétement dépourvu de pulpe, ce qui est un avantage très-remarquable et très-essentiel de cette presse.

La toile est d'une largeur un peu supérieure à celle des cylindres; elle est maintenue dans sa position par le réglage des cylindres tendeurs et on a simplifié beaucoup les appareils qui, dans le principe, étaient destinés à remplir ce but.

La pression des grands cylindres est maintenue par des vis, cependant des ressorts sont là pour diminuer la rigidité du système en cas de besoin.

Dans la campagne 1873-74, un nombre tel de ces presses a été en activité qu'un jugement définitif a pu être formulé sur le résultat obtenu.

La conduite a été des plus faciles et le besoin de réparation nul ; en somme, le système a parfaitement réussi.

La quantité de betteraves travaillées par jour et par presse a été en moyenne de 70 à 80,000 kilos; la pulpe produite, de 26 à 28 pour cent du poids des betteraves.

Sucre laissé dans la pulpe, comparativement à la pulpe des presses hydrauliques : généralement deux pour cent de moins que dans la pulpe de ces dernières, en employant un lessivage intermédiaire et une addition d'eau correspondant à peu près à celle mise à la râpe dans le travail par presse hydraulique.

Cette constatation est le résultat des analyses répétées au début, au milieu et à la fin de la fabrication et pratiquées avec le plus grand soin, particulièrement par les chimistes attachés aux usines de MM. Lalouette et Cie et de MM. Lefranc et Cie.

Densité des jus : en moyenne, un demi-degré de densité au-dessus du degré des jus sortant des presses hydrauliques; ces constatations ont pu être faites dans les installations où ces presses ont marché à côté des presses hydrauliques.

La *durée de marche de la toile* est arrivée actuellement en moyenne à *30 heures* pour les presses de première et à *24* heures pour celles de seconde pression. Par un arrosage et dégraissage à l'eau chaude, cette durée de marche a été portée à 60 et même *72* heures.

Ce qui amène la nécessité des changements plus fréquents des toiles vient, avant tout, de ce qu'elles se graissent, deviennent insuffisamment perméables, doivent être lavées, et par suite du retrait provenant de lavage, détissées et retissées, la même laine servant d'ailleurs maintes fois et même avec avantage, mêlée à des laines neuves.

À l'égard de cette dépense, M. Poizot en limite le montant pour les fabricants en leur offrant, moyennant un abonnement à raison de 70 centimes par mille kilos de betteraves travaillées. D'ailleurs, l'installation d'un petit atelier de tissage est des plus simples et des plus faciles; l'expérience de la râperie de Séraucourt fournit à cet égard des expériences et des perfectionnements qui assurent un travail économique et rapide.

*Presse Colette.*

Nous avons donné, p. 17 et ss. du premier Supplément, la description du système Colette pour l'extraction du jus par double pression.

Fig. 9.

Nous présentons aujourd'hui dans la figure 9 la vue de la presse Colette, dont nous avons donné dans la fig. 2, du passage cité une vue en coupe.

Pour la description de cette installation et de son fonctionnement, nous pouvons renvoyer le lecteur à ce que nous avons dit dans le premier supplément.

*Système combiné d'extraction.*

Nous avons dans notre Traité, pp. 115 et 116, décrit brièvement quelques procédés combinés pour l'extraction du jus. Évidemment l'emploi toujours croissant des presses continues peut donner encore lieu à d'autres combinaisons qui présentent beaucoup de chances de succès.

Une de ces combinaisons très-intéressantes a été pratiquée en grand dans l'usine de Werkendam et décrite dans le *Journal des fabricants de Sucre.* C'est le système de presses continues combinées avec la macération selon Walkhoff, qui a été décrite dans le Traité à la page 111 et ss.

La presse continue adoptée est celle du système Colette (voir ci-dessus) qui a donné dans l'usine en question des résultats qui ne laissent rien à désirer.

Le système consiste en 4 presses de 1re pression et 2 de 2e pression. Elles suffisent pour un travail de 120,000 kilos en 24 heures; même pour celles de 1re pression, on pourrait aller jusqu'à 140,000 kilos. Pour les presses de 2e pression, elles suffisent grandement pour un travail de 180,000 à 200,000 kilos par 24 heures; cependant une presse de rechange n'est jamais un luxe.

Pour ce même travail de 120,000 kilos, on a monté 10 macérateurs Walkhoff, (Traité, p. 11 et ss.) d'une contenance de 300 litres chacun. Cependant il vaudrait mieux augmenter ce nombre à 12, pour ne pas risquer d'arrêt dans le travail des pulpes.

Une râpe ordinaire réduit les betteraves en pulpe. Une pompe à boulets l'aspire et la rejette dans un compensateur, d'où elle va aux quatre presses de 1re pression.

Celles-ci donnent de 22 à 25 pour cent de pulpes. Le jus est envoyé dans deux tamiseurs qui éliminent la pulpe folle, qui est renvoyée au bac de râpe. La pulpe provenant des presses retombe dans la râpe Walkhoff, dit loup, où elle est râpée et bien divisée. Dans cette forme, elle ressemble à la sciure de bois un peu humide, elle tombe dans un wagonnet qui va sur un léger chemin de fer au-dessus des 10 macérateurs. Ceux-ci sont remplis à tour de rôle; chaque macérateur contient environ 120 kilos de pulpe. Du reste, la macération est exécutée de la façon ordinaire.

En attendant des épreuves et des dosages exacts, on a constaté :

1° Que la presse Colette donne de 22 à 25 % en pulpe, peu de pulpe folle dans le jus et qu'elle suffit pour un travail de 30 à 35,000 kilos par 22 heures;

2° Que de cette quantité de pulpe, la macération retire encore 55 à 60 % de jus;

3° Que la quantité totale de jus est donc de 90 % du poids de la betterave;

4° Que la qualité de jus est excellente sous tous les rapports et fournit de belles cuites.

Après avoir été épuisée, ce qui exige 40 minutes, la pulpe est rejetée du macérateur, renvoyée par une pompe semblable à celle des premières presses aux presses de 2e pression, d'où elle sort dans un état parfaitement sec, seulement un *peu* plus humide que la pulpe de presses hydrauliques. De nombreuses analyses des eaux, sortant de cette 2e pression, ont prouvé qu'elle ne contient plus de sucre. La pulpe contient encore du sucre, mais la proportion n'en a pas encore été déterminée exactement.

Pompes à pulpe.

Depuis l'adoption toujours croissante des presses continues et de la répression, ces outils pour l'élévation et le transport continus de la pulpe ont pris une impor-

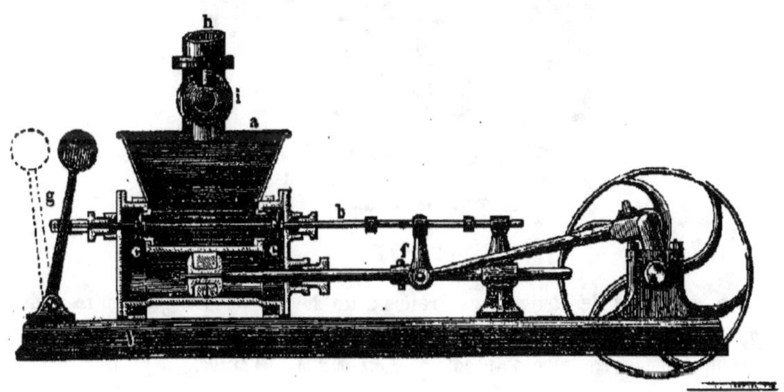

Fig. 10.

tance très-grande. On a donc cherché à établir des pompes à pulpe d'un fonctionnement facile et certain.

Les pompes à pulpe doivent surtout être d'une construction simple, solide et disposées de manière à pouvoir visiter facilement les organes les plus importants, surtout si les matières à pomper sont susceptibles de contenir des détritus de toute espèce, tels qu'on en rencontre dans la pulpe à betteraves.

Il est en outre de la plus grande importance, afin d'éviter des chômages fort onéreux en fabrication, que les organes ne soient pas susceptibles d'usure trop rapide.

Nous avons à décrire ici *deux pompes* qui ont pour but de remplir ces conditions et qui, évidemment, sont destinées toutes les deux à trouver un emploi fréquent dans les ateliers à presses continues.

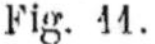

La première, brevetée à M. E. Wauquier, est représentée en deux coupes verticales dans les deux figures 10 et 11.

Elle est du système horizontal et à double effet avec piston plein.

La trémie *a*, au sommet du corps de pompe, reçoit la pulpe qui, une fois introduite, ne peut manquer d'être refoulée par l'action du piston *d* et des clapets *cc* qui viennent à tour de rôle reposer sur les siéges à couteau en métal dur.

Fig. 11.

Ces clapets d'aspiration *c c* sont montés sur une tige commune *b* qui d'un côté va joindre une douille *f*, glissant à frottement doux le long de cette tige et qui, par son mouvement qui est celui du piston *d* même, vient à chaque extrémité de sa course buter contre l'une ou l'autre des bagues et entraîner dans son mouvement la tige ainsi que les clapets qui y sont attachés.

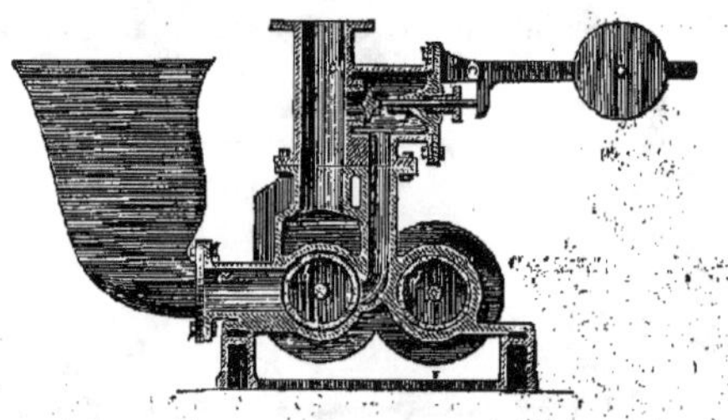

Fig. 12

L'autre extrémité de la tige *b* est reliée à un levier vertical *g* à contre-poids, qui a pour but, lorsque ce contre-poids a dépassé le centre de gravité, d'accélérer et de compléter la fermeture d'un côté et l'ouverture de l'autre.

Le mouvement de la pulpe a lieu, sous l'impulsion du piston *d*, ainsi que le montre la vue de bout fig. 11 en soulevant des clapets sphériques reposant également sur des siéges à couteau.

Un embranchement *i* du tuyau de pression *h* contient une valve de sûreté, gouvernée par le levier à contre-poids *k*. Si la pression dans la conduite *h* par une cause ou une autre dépasse une limite donnée, cette valve s'ouvre et donne issue à la pulpe, qui arrive dans la trémie *a*.

Le mouvement est figuré comme étant donné par courroies, mais pour les fortes

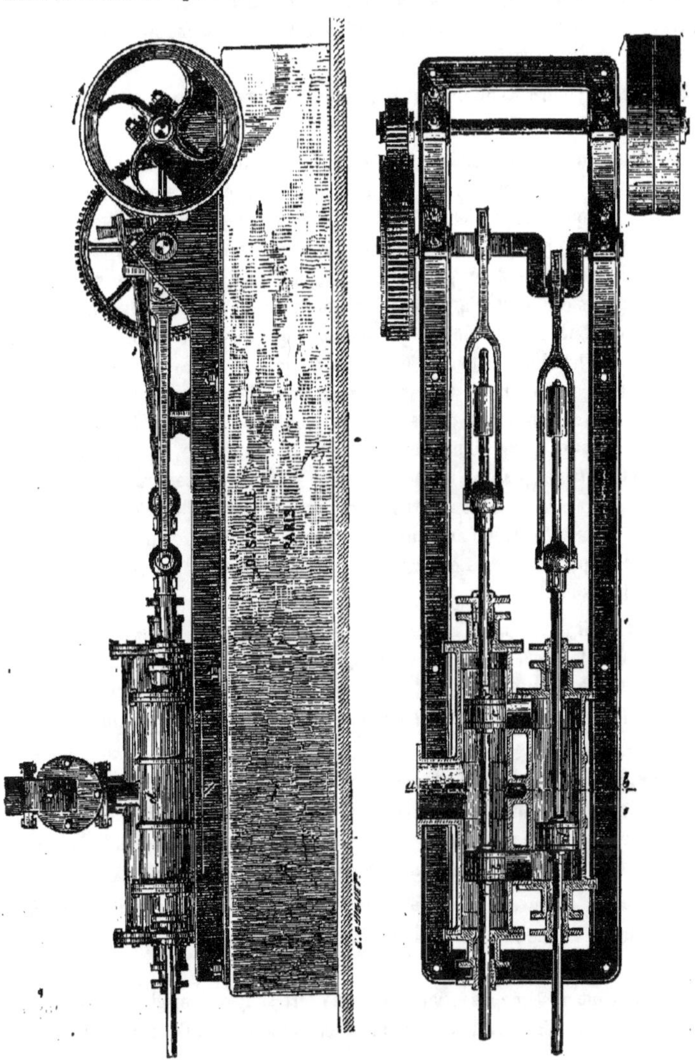

Fig. 13 et 14.

pompes et à de grandes pressions, il sera préférable de se servir d'engrenages ou d'un moteur spécial à vapeur.

La pompe repose le plus avantageusement à côté de la râpe pour recevoir directement la pulpe; dans le cas où la localité exigerait une autre disposition, on pourrait aussi rendre la pompe aspirante, mais ce moyen nous paraît peu pratique.

On comprendra facilement qu'avec cette pompe on peut refouler la pulpe de première ou de deuxième pression, et que les clapets fonctionnant mécaniquement et reposant sur des siéges à couteau, aucun engorgement par semelles, etc., ne pourra se produire. Du reste, la construction fort simple du mécanisme en garantit le fonctionnement certain.

La seconde pompe, celle de M. D. Savalle, est représentée dans les figures 12, 13 et 14 ci-contre.

La pulpe, au sortir de la râpe, tombe dans l'entonnoir représenté fig. 12, entre dans l'appareil par le conduit *a* et vient occuper l'espace libre entre les deux pistons *b*, *c*, et qui font l'office de tiroirs distributeurs de chaque côté du piston *d* de la pompe proprement dite. Cette pompe est actionnée par bielle et manivelle. Il en est de même des deux pistons distributeurs. Seulement les deux manivelles formées par les coudes de l'arbre moteur, sont placées à angle droit l'une par rapport à l'autre. Il résulte de cette disposition, que quand le piston *d* est au bout de sa course, les deux pistons *b* et *c* sont au milieu de la leur et ferment les orifices d'entrée de la pulpe dans la pompe, comme le montre la fig. 14. Aussitôt que le piston *d* reprend sa course en sens contraire, le piston *b* débouche son orifice et la pulpe pénètre derrière le piston *d*, tandis que le piston refoule en avant une certaine quantité de pulpe qui ne peut s'échapper que par le tuyau *e* (fig. 12 et 14), le piston *c* obstruant le passage vers l'orifice d'entrée *a*. Quand le piston *d* arrive à droite au bout de sa course, les deux orifices sont de nouveau bouchés par les pistons *b* et *c*, marchant toujours en sens contraire du piston *d*, et ainsi de suite.

On voit qu'il n'y a pas d'aspiration, ce qui nécessite de placer la machine en contre-bas de la râpe, et que le cylindre de la pompe se trouve rempli par simple déplacement de la pulpe, qui peut ainsi être dans un état plus ou moins pâteux, et contenir des semelles sans que le fonctionnement de la pompe en souffre.

On voit aussi que les contre-pressions sur les pitons distributeurs s'équilibrent et ne surchargent pas la machine, puisqu'il y a communication constante par le conduit de refoulement *e*, entre les espaces libres laissés derrière les deux pistons, et que par suite de la disposition adoptée pour la tige qui traverse des deux côtés les fonds du cylindre, les surfaces de ces pistons sont parfaitement égales.

Une soupape de sûreté *f* est placée sur la conduite de refoulement *e*, fig. 12, et ramène dans l'espace libre du cylindre distributeur la pulpe refoulée en excès par la pompe.

Un troisième système de pompe à pulpe fort simple et original est celui que M. Champonnois a introduit dans son appareil d'extraction à double pression.

Cette pompe est représentée et décrite plus haut, p. 32 et figure 6.

*Recherches sur la nature et les propriétés des jus de diffusion et de pression.*

On n'est pas généralement d'accord sur la pureté des jus obtenus par diffusion en comparaison avec ceux que produit l'extraction par pression. D'un autre côté, des dosages approximatifs ayant constaté une pureté décroissante dans les cylindres formant batterie de diffusion et cela dans une certaine relation avec la diminution de la concentration du jus dans la même batterie, on a cru devoir en conclure que la diffusion fournissait à la fabrique des jus déjà purifiés, par suite d'un partage des substances étrangères, dont une fraction considérable resterait dans les résidus.

Il nous a donc paru du plus haut intérêt de faire des déterminations comparatives directes du sucre, de l'eau et des matières étrangères en solution dans les jus de tous les cylindres d'une batterie en diffusion, et ensuite des déterminations semblables pour comparer le jus existant dans les betteraves avec celui que la diffusion produit de ces mêmes betteraves.

Il est clair que ces recherches devaient fournir des éclaircissements importants sur la marche et l'effet de la diffusion dans les différents moments de sa durée.

Nous n'entrerons point ici dans les détails de ces recherches, puisque le procédé de diffusion même n'est pas suffisamment pratiqué en France pour avoir, dans ses détails, pour nos lecteurs, un intérêt prononcé. Nous nous contenterons donc de résumer brièvement les résultats de nos investigations, que nous avons complétés par une série d'essais de diffusion dans un modèle en verre, qui permettait de tout observer et de tout peser.

Cependant, avant d'énumérer les faits intéressants constatés et que nous avons pu mettre en comparaison avec les résultats comparatifs du travail de pression, nous avons encore à parler d'observations importantes qui se rattachent à la valeur de ces dosages de jus crus.

On pourrait croire, et en effet c'est une objection qu'on a faite et que nous avons cru devoir faire nous-même, que l'analyse des jus crus (dosages directs du sucre et de l'eau, calcul des matières étrangères d'après la différence et du coefficient de pureté en conséquence (p. 24 et ss. du Traité), ne répondait pas pleinement à leur valeur fabricative. Cela veut dire qu'il paraît possible, surtout pour des jus secondaires et d'une composition plus ou moins différente de celle des jus naturels dans les racines, que la composition en subissait de notables changements, voire une amélioration essentielle pendant les premières phases du travail, (défécation et saturation) changement qui serait plus considérable que pour les jus naturels des mêmes betteraves.

Nous avons donc cru devoir élargir le cadre de nos recherches comparatives sur les jus normaux et les jus secondaires et en exécuter aussi de semblables pour établir la composition de ces mêmes jus, *après défécation et saturation*. Nous sommes même allé plus loin, et sans toutefois employer du noir animal, nous avons préparé et en nous servant de grandes quantités des différents jus secondaires de toute espèce, des masses d'empli en petite quantité, il est vrai, mais toujours en quantité suffisante pour pouvoir juger de leur qualité et établir strictement leur composition.

Cela a été fait en un grand nombre de cas, tant pour les jus de diffusion que pour ceux de pression, et même pour les produits obtenus par l'épuisement *complet* des résidus de *deuxième* pression.

Ces masses d'empli étaient singulièrement propres à résoudre définitivement la question, si la diffusion normalement exécutée et bien soignée fournissait, en une époque quelconque de travail ou dans les jus définitifs, du *sucre interverti*.

Le résultat de ce travail spécial, pour ainsi dire préliminaire et qui devait servir à établir le degré de sûreté des autres recherches, a été :

D'abord, que les analyses des jus déféqués et saturés, de même que celles des « masses d'empli » confirmaient en tous points les conclusions à tirer de l'analyse des jus crus, et que l'objection formulée ci-dessus n'était pas confirmée par les faits ; c'est aussi vrai pour les produits de pression que pour ceux de diffusion ;

Et puis, que ni le jus principal, ni le jus secondaire de la diffusion ne contenait des quantités sensibles de sucre interverti ; ou, en d'autres termes, que pendant la marche de la diffusion aucune fraction de sucre ne passait à l'état incristallisable.

Comme le sucre interverti devrait rendre inexactes les indications du polarimètre, il s'en suit que l'analyse polarimétrique de tous ces produits n'est pas sous l'influence d'une faute sous ce rapport

En passant sous silence les conclusions que nous avons tirées de plusieurs séries d'analyses des jus de chaque cylindre d'une batterie de diffusion, nous présenterons dans le tableau suivant la composition des *jus naturels* avec celle des *jus de diffusion* entré en fabrication, des mêmes betteraves. Cette comparaison est très-rigoureuse pour la cause suivante :

En chargeant un cylindre diffuseur de racines découpées en lamelles, on peut aisément prendre un échantillon moyen et en préparer le jus par écrasement et pression (p. 141 du Traité) ; c'est le jus que nous appelons jus naturel, puisqu'il n'a subi aucune influence par macération, lavage, etc. La diffusion produisant immédiatement une quantité déterminée de jus de ces mêmes lamelles chargées dans un cylindre, on peut de même obtenir très facilement un échantillon qui en représente la moyenne effective. C'est ce que nous appelons *le jus de diffusion* ; c'est la matière qui entre en fabrication.

On voit que la comparaison de ces deux jus — jus naturel et jus produit de la diffusion doit être très-rigoureuse.

Voici les nombres obtenus dans 8 observations de comparaison et dans 3 autres, qui sont chacune *la moyenne de trois observations*. Disons encore que pendant le temps des prises d'échantillons, le travail était tout à fait régulier et normal et que le résidu de sucre dans les lamelles était de 0,1 pour cent du poids des betteraves en moyenne.

Si l'on donne aux trois dernières expériences leur valeur réelle comme moyenne de trois observations chacune, on arrive à une moyenne générale de — 0,1, c'est-à-dire qu'en général le jus de diffusion est très-sensiblement de même pureté que le jus naturel, en tant que cette pureté se traduit par la composition trouvée au moyen de l'analyse chimique.

Les termes extrêmes sont une pureté moindre de 5,8 et une pureté plus grande de 1,8 pour cent. Ce sont là des variations inséparables de cette espèce de comparaison et qui ne peuvent disparaître que dans les moyennes d'un nombre suffisant d'analyses.

| N° | JUS ANALYSÉS | TITRE aréométrique % | SUCRE | MATIÈRE SÈCHE effective, déterminée par dessiccation | COEFFICIENT de pureté effectif | QUANTITÉ D'EAU entrée dans le jus, calculée d'après la richesse saccharine | DIFFÉRENCE de la pureté des jus de diffusion vis-à-vis de celle du jus naturel |
|---|---|---|---|---|---|---|---|
| 1 | Jus naturel | 17,1 | 14,09 | 17,08 | 82,4 | | |
|  | Jus de diffusion | 9,9 | 8,18 | 9,8 | 83,5 | 72 | + 1,1 |
| 2 | Jus naturel | 16,5 | 13,58 | 15,64 | 86,2 | | |
|  | Jus de diffusion | 10,1 | 8,26 | 9,71 | 85,1 | 63 | — 1,1 |
| 3 | Jus naturel | 16,3 | 13,53 | 15,3 | 88,4 | | |
|  | Jus de diffusion | 10,4 | 8,44 | 9,62 | 87,7 | 57 | — 0,7 |
| 4 | Jus naturel | 16,6 | 13,45 | 14,9 | 90,3 | | |
|  | Jus de diffusion | 10,6 | 9,09 | 10,03 | 90,2 | 57 | — 0,1 |
| 5 | Jus naturel | 16,5 | 13,99 | 14 26 | 93,5 | | |
|  | Jus de diffusion | 11,6 | 9,69 | 10,94 | 88,6 | 42 | — 4,9 |
| 6 | Jus naturel | 16,5 | 13,48 | 14,8 | 91,1 | | |
|  | Jus de diffusion | 10,9 | 9,02 | 10,9 | 87,2 | 51 | — 3,9 |
| 7 | Jus naturel | 16,25 | 13,92 | 15,79 | 88,3 | | |
|  | Jus de diffusion | 11,02 | 9,39 | 11,39 | 82,5 | 47 | — 5,8 |
| 8 | Jus naturel | 16,9 | 14,14 | 16,22 | 87,1 | | |
|  | Jus de diffusion | 11.5 | 9,77 | 11,18 | 87,4 | 47 | + 0,3 |
| 9 | Moyennes de trois observations dans chaque cas. | 16,5 | 13,53 | 15,57 | 86,8 | | |
|  | | 11,8 | 9,97 | 11,25 | 88,6 | 40 | + 1,8 |
| 10 | | 16,4 | 13,38 | 15,04 | 84,9 | | |
|  | | 11,4 | 9,23 | 10,73 | 86,0 | 44 | + 1,1 |
| 11 | | 16,4 | 13,34 | 15,51 | 86,0 | | |
|  | | 10,5 | 8,73 | 10,0 | 87,3 | 56 | + 1,3 |
|  | | | | | | 52 | |

Nous avons cherché à tirer des conséquences pratiques de ces données en combinaison avec celles obtenues pendant des travaux de diffusion d'après une méthode modifiée, mais nous passerons ici sous silence ces conséquences, auxquelles nous aurons à revenir quand la diffusion aura trouvé quelques applications en France.

Pour établir des comparaisons analogues, pour le jus produit par la pression double avec introduction du jus secondaire à la râpe (p. 88 du Traité) nous avons choisi ces *jus de pression* aussi strictement que possible en rapport avec les *jus naturels*, obtenus de la façon indiquée page 140. Malgré tous les soins apportés à ce choix, il est toujours difficile d'établir la coïncidence des deux jus ; dans tous les cas, la comparaison n'est pas, à beaucoup près, aussi rigoureuse que pour le procédé diffusion ; cependant le résultat moyen peut être regardé comme présentant toutes les garanties possibles. Voici les nombres comparatifs trouvés dans quatre expériences qui, chacune, se composait de six essais dont les nombres dans le tableau suivant sont les moyennes.

On voit par ces nombres que la pression double (avec l'écrasoir-macérateur, etc., voir l. c.) fournit des jus un peu moins purs en comparaison avec les jus naturels, que ne le fait la diffusion ; à la rigueur cependant les différences sont si faibles, qu'on peut dire que, dans tous les cas, la diffusion ne fournit pas des jus plus impurs que le procédé de pression et *que l'augmentation du rendement n'est pas, par conséquent, obtenue au prix d'une pureté moindre.*

Nous pouvons ajouter que de nombreuses analyses des masses cuites, exécutées parallèlement dans deux fabriques voisines et travaillant d'après ces deux systèmes ont parfaitement constaté ce résultat tiré des analyses des jus respectifs.

| N° des moyennes de 6 expériences. | JUS ANALYSÉS | TITRE aréométrique % | SUCRE | MATIÈRE SÈCHE effective, déterminée par dessiccation. | COEFFICIENT de pureté effectif | QUANTITÉ D'EAU entrée dans le jus, calculée d'après la richesse saccharine | DIFFÉRENCE de la pureté des jus de pression vis-à-vis de celle du jus naturel |
|---|---|---|---|---|---|---|---|
| 1 | Jus naturel | 15,4 | 13,15 | 14,63 | 89 8 | | |
| | Jus de pression | 10,6 | 8,65 | 10,26 | 84,3 | 45 % | —5,5 |
| 2 | Jus naturel | 15,8 | 13,72 | 15,24 | 90 | | |
| | Jus de pression | 11,1 | 9,27 | 10,69 | 86,7 | 42 % | —3,3 |
| 3 | Jus naturel | 15,6 | 13,38 | 15,44 | 86,6 | | |
| | Jus de pression | 10,5 | 8,92 | 10,33 | 86,3 | 49 % | —0,3 |
| 4 | Jus naturel | 15,7 | 13,45 | 15,34 | 87,7 | | |
| | Jus de pression | 10,7 | 9,15 | 10,25 | 89,2 | 47 % | +1,5 |
| | | | | | | Moyenne, | —1,9 |

*Procédé Wilkinson et Possoz.*

Nous ne ferons que décrire brièvement ce procédé, en renvoyant le lecteur aux observations que nous aurons à présenter dans le chapitre suivant à l'occasion de quelques autres procédés nouveaux concernant *l'épuration* des jus sucrés.

Le procédé *d'extraction* Wilkinson et Possoz consiste en une macération opérée dans des conditions particulières différentes de celles avec lesquelles on a opéré généralement jusqu'ici. La betterave est divisée par un coupe-racines en cossettes de 5 millim. au plus d'épaisseur. Ces cossettes fraîches sont introduites dans un vase et mêlées à du jus en travail, c'est-à-dire n'ayant pas encore atteint sa densité normale, préalablement réchauffé de manière à pouvoir porter rapidement, au moyen de vapeur introduite dans le double fond, dont le vase est muni, la température du mélange de 65 à 95 degrés. Sous l'influence de cette température, les cossettes s'amortissent en quelques minutes, les cellules des betteraves se rompent, les matières albuminoïdes s'y coagulent, et le jus recueilli après son passage sur ces cossettes, qui ont toute leur richesse saccharine, est propre au travail subséquent qui ne diffère du travail ordinaire qu'en ce que la défécation n'est pas applicable, par suite de la coagulation des substances protéiques qui s'est opérée dans les cellules mêmes de la betterave. On procède donc de suite sur ces jus à une ou deux carbonatations successives.

Le vase dans lequel s'opère le mélange des cossettes et du jus est désigné comme « lixiviateur mécanique » et porte à l'intérieur une hélice en tôle perforée, enveloppée par un cylindre ou tambour en tôle percé de petits trous et tournant avec l'hélice; cette disposition a le but d'assurer le mélange intime du jus avec la cossette et d'empêcher aucune partie de betterave de séjourner sur le fond de l'auge, qui est chauffée directement par la vapeur circulant dans un double fond.

La cossette fraîche qui entre dans le tambour de l'hélice horizontale sort amortie après quelques minutes et est ramenée à la partie supérieure de l'appareil par une lame hélicoïdale en tôle bordée d'une feuille épaisse de caoutchouc, brosse métallique ou autre matière flexible fixée sur le tambour et empêchant les particules fixes de cossettes de séjourner sur le fond chauffé. La cossette ainsi ramenée tombe par un plan incliné sur une tôle sans fin où elle s'égoutte, tandis que le jus fort se rend à l'atelier d'épuration.

Les cossettes sont montées dans un second appareil de macération d'une disposition particulière. Le liquide employé pour cette macération se compose :

1° Du liquide exprimé des cossettes épuisées au moyen de presses continues ou autrement, et additionné de 1/2 millième de sulfite de chaux du poids des betteraves ;

2° D'eau pure dans la proportion de 20 % environ du poids de betteraves, c'est-à-dire qu'on ne fait entrer dans l'opération que la quantité d'eau pure mise habituellement sur la râpe.

Ces deux liquides sont portés, dans des vases séparés, à une température telle que leur mélange donne, avec les cossettes, dans le vase macérateur dont nous parlons, une température de 35 à 40 degrés.

A la sortie de cet appareil, les cossettes, après y avoir subi un épuisement méthodique qui peut durer de 40 à 60 minutes, sont entièrement épuisées de leur sucre; il n'y a plus qu'à les soumettre à une pression facile et économique plus ou moins forte suivant le degré de siccité auquel on veut les amener.

Le liquide qui a servi à la macération dans ce vase est recueilli et c'est lui qui, chauffé, comme nous l'avons dit plus haut, sert de jus macérateur et amortisseur dans le premier vase sur les cossettes fraîches, pour de là, ayant atteint sa richesse maximum, passer à la carbonatation.

Comme résultats de ce travail, il n'y a eu de publiés jusqu'ici que les nombres recueillis pendant les essais de laboratoire, que nous ne pouvons admettre comme applicables directement à la grande pratique et que nous croyons par conséquent devoir passer sous silence.

# LIVRE TROISIÈME

## La purification du jus.

*Défécation et saturation. — Écumes. — Procédé Bodenbender pour l'extraction des écumes.*

Les tourteaux provenant des filtre-presses, sont réduits en morceaux de la grandeur de quelques centimètres cubes, soit au moyen d'un travail manuel, soit avec un petit outil concasseur construit exprès. Pour que pendant cette manipulation la surface des morceaux deviennent le moins glissant possible, ce qui diminuerait la faiblesse de l'extraction, il est bon de laisser dessécher superficiellement les tourteaux pendant quelques heures avant de les casser.

Les petits morceaux d'écume sont ensuite soumis à une extraction systématique par l'eau chaude, dans un appareil très-semblable à celui qu'on emploie pour la masse brute dans la fabrication de la soude artificielle. La température de l'eau d'extraction doit être de 70 à 80° et la durée de l'action dissolvante de quelques heures. Au lieu d'eau pure, on peut aussi se servir des petites eaux provenant des filtres ou de l'eau de condensation de la vapeur du jus, etc.

On a donné à l'appareil d'extraction deux dispositions différentes, selon la localité. Toutes les deux comprennent une série de huit vases cylindriques, dans lesquels les tourteaux sont soumis à l'action dissolvante d'abord d'une solution déjà assez riche provenant d'autres tourteaux partiellement épuisés et puis successivement à l'action de liquides graduellement moins riches, et enfin de l'eau pure.

Ces six ou huit vases, dans l'un des deux cas sont disposés en manière de terrasse, de sorte que le liquide s'écoule librement de chaque vase dans le suivant, pour être seulement transporté par une pompe du huitième au premier. Dans le second cas, tous les vases se trouvent sur un même plan horizontal, et déversent leur contenu liquide dans un même réservoir situé plus bas, et d'où une pompe reprend le liquide pour le déverser dans le vase suivant de la batterie.

La figure 15 représente l'appareil avec ce dernier arrangement.

Les tourteaux réduits en morceaux dans la concasseuse *a* tombent dans le waggonet *b*, mobile sur une paire de rails. Le contenu de ce waggonet est vidé au moyen d'un tiroir dans un des vases *c* de l'appareil d'extraction, dont six sont représentés dans la figure.

Le vase 1 rempli de morceaux d'écume, on introduit par le robinet *d* de l'eau de la température indiquée, jusqu'à la hauteur de l'ajoutage supérieur qu'on laisse en contact avec l'écume jusqu'à ce que le second vase 2 soit chargé d'écume. En ce moment on ouvre la soupape inférieure et l'on vide, au moyen du tuyau *e* et du robinet *f* le contenu de 1 dans le réservoir *g*, d'où la pompe *h* aspire le liquide pour l'amener en *i*. Le tuyau *k* sert à faire écouler ce liquide dans le vase 2 nouvellement chargé.

Le vase 1, ne contenant plus de liquide reçoit de nouveau de l'eau de 70 à 80°.

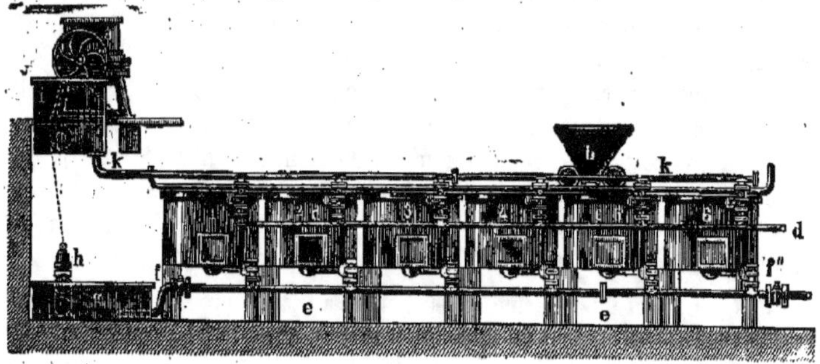

Fig. 15.

Quand le vase 3 est chargé d'écume, le jus de 2 passe au moyen de la pompe dans ce vase, tandis que le liquide de 1 passe en 2 et que 1 reçoit de nouveau de l'eau pure. L'opération se continue de cette façon, jusqu'à ce que cinq vases soient remplis et que le vase 6 soit au point d'être chargé de morceaux d'écume.

Alors on ferme *f'*, on ouvre *f''* et on écoule le jus suffisamment concentré dans le vase 5 pour le mêler au jus de défécation de la fabrique et le travailler avec celui-ci. Ensuite on emmène le liquide de 4 en 5, de 3 en 4, de 2 en 3 et de 1 en 2. L'écume en 1 est alors suffisamment épuisée, on le vide par le trou d'homme et on ajoute le vase 6 au travail, en le chargeant d'écume et en y faisant passer le contenu liquide de 4. L'eau est dirigée sur 2. On continue de cette façon le travail, en employant toujours 5 vases en batterie et vidant le sixième.

On a introduit le réservoir *i* entre la pompe *h* et le tuyau *k* pour diminuer la mousse autant que possible.

L'expérience démontre que le contact du jus, respectivement de l'eau à 80° doit durer de 12 à 16 heures, si l'on veut obtenir une extraction complète.

Connaissant le volume des écumes à extraire dans un temps donné, il est facile de calculer les dimensions nécessaires des vases d'extraction.

Remarquons que les écumes du jus provenant de la diffusion ne peuvent être bien concassées par la petite machine, mais qu'il faut exécuter cette opération à la main en se servant d'une espèce de couteau pilon en forme de croix. Même alors l'épuisement n'est pas aussi complet que celui des écumes de jus de pression.

Les tourteaux épuisés contiennent bien 10 % d'eau de plus que ceux qui proviennent immédiatement des filtres presses, mais ils sont encore très-consistants et peuvent facilement être transportés en corbeilles ou waggonets.

*Mesure de l'effet de la défécation et de la saturation.*

Nous avons exposé page 212 de notre traité, les résultats des travaux de différents

4

chimistes, sans que les nombres donnés représentent clairement la valeur réelle de l'effet de l'épuration en question. En effet, jusqu'à présent les recherches n'ont porté que sur la composition du jus avant et après la défécation, et l'effet de celle-ci ne peut donc être trouvé que par différence ou indirectement. La détermination *directe* des substances *éliminées*, au contraire, n'est possible que d'après *l'analyse des écumes*, mise en comparaison avec la composition exacte du jus avant la défécation et par un calcul d'après les pesées des matières en présence. D'après notre avis, les indications fournies avec les analyses nombreuses que nous possédons ne sont pas suffisamment complètes pour servir de base à ce calcul, et nous avons donc cherché à combler cette lacune par une détermination directe des substances éliminées par défécation dont nous rendrons un compte succinct.

Trois fois, pendant une semaine entière, on pesa l'écume produite, et on en prépara chaque fois et avec soin un échantillon moyen, qui fut séché rapidement pour être soumis à l'analyse. Parallèlement pendant le travail de ces trois semaines on détermina à beaucoup de reprises la teneur en sucre et en matière sèche (et par suite, en matières étrangères), du jus travaillé pendant ce temps, dont la quantité fut également établie exactement.

Il s'agit donc de trois déterminations bien distinctes : les deux premières portent sur le jus de diffusion (méthode Schulz, p. 33 du 1er supplément), la troisième sur du jus provenant de la pression double (d'après la méthode détaillée p. 86 de notre traité) et dépulpé en partie au moyen d'un simple tamis établi au-dessus des défécateurs.

Dans les trois cas, la défécation s'exécutait d'après *l'ancienne méthode*, c'est-à-dire sans aucun traitement de *l'écume* par l'acide carbonique. Le jus *clair* seul était saturé et le précipité produit joint aux écumes de défécation et passé par les filtre-presses. Les résidus de celles-ci furent analysés, sans avoir été soumis à une extraction, ni par macération, ni par pression.

La proportion de chaux employée était de 2/3 dans le premier, de 1 dans le second cas (de diffusion) et de 1,1 dans le troisième (de pression) pour 100 parties en poids des betteraves.

Les pesées exactes donnèrent

Exp. 1.  Diffusion.  Défécation avec 2/3 p. c. . . . . 3,1 parties d'écume.
 II.   —    —   — 1 p. c. . . . . 4,2   —   —
 III.  Pression.   —   — 1,1 p. c. . . . 6,0   —

pour 100 parties de betteraves travaillées. Les échantillons d'écume séchés, contenant encore quelques centièmes d'eau au moment de l'analyse, représentaient respectivement les 46; 50,9 et 46 centièmes de l'écume fraiche. La richesse en sucre de cette dernière fut déterminée en moyenne à respectivement 5,26; 3,26 et 4,22 %.

Après avoir constaté que les combinaisons basées sur les déterminations généralement usitées pour l'analyse des écumes, ne se prêtaient point à des conclusions rigoureuses, nous avons employé la méthode suivante, présentant le chemin le plus direct : un échantillon de 2 gr. de l'écume séchée, soigneusement dilué dans l'eau pure, fut soumis à l'action d'un courant d'acide carbonique pur, pour dégager autant que possible les matières étrangères de la chaux, avec laquelle elles se trouvent combinées. Le tout fut ensuite porté à l'ébullition, filtré et lavé. Les liquides clairs obtenus et réunis, donnèrent par évaporation à siccité la *matière extractible par détermination directe*, dont une incinération fournit la proportion en substances inorganiques et organiques.

Le résidu lavé, neutre, fut séché et chauffé au rouge; on obtint ainsi les substances organiques insolubles.

On voit que de cette façon la détermination des substances organiques de l'écume put atteindre toute l'exactitude possible; pour trouver les matières étrangères, il n'y avait plus qu'à en déduire la proportion en sucre indiqué ci-dessus.

Voici les nombres obtenus pour les 3 espèces d'écume :

|  | ÉCUME I | | ÉCUME II | | ÉCUME III | |
|---|---|---|---|---|---|---|
|  | fraîche | séchée | fraîche | séchée | fraîche | séchée |
| Sucre. . . . . . . . | 5,26 | 11,43 | 5,26 | 10,33 | 4,22 | 9,17 |
| Matières étrangères organiques. . . . | 13,32 | 28,97 | 11,85 | 23,27 | 16,85 | 36,63 |

En se basant sur les proportions indiquées plus haut, on trouve

*pour 100 parties en poids de betteraves.*

| ÉCUMES | CHAUX employée | QUANTITÉ d'écume produite | MATIÈRE organique étrangère éliminée | MATIÈRE inorganique éliminée | EN OUTRE sucre |
|---|---|---|---|---|---|
| I De diffusion . . | 2/3 | 3,1 | 0,413 | 0,074 | 0,163 |
| II De diffusion . . | 1 | 4,2 | 0,497 | 0,100 | 0,220 |
| III De pression. . . | 1,1 | 6,0 | 1,010 | 0,143 | 0,253 |

Voici d'après les déterminations spéciales la composition *moyenne* des jus ayant donné ces écumes :

| | Substance sèche *réelle*. | Sucre. | Coefficient réel de pureté. |
|---|---|---|---|
| I et II. | 15,3 | 13,27 | 87,7 |
| III. | 15,1 | 13,39 | 88,6 |

En supposant 92 °/₀ de jus comme ayant résulté du travail des betteraves, on trouve les quantités suivantes de sucre et de substances étrangères totales, comme se trouvant effectivement dans le jus de 100 parties de betteraves, qui ont fourni pour leur écume les nombres ci-dessus :

Pour I et II.   12,2 parties de sucre et 1,87 de substances étrangères.
—        III.   12,3    —        —      1,60

Or, pour trouver le degré d'épuration opéré, nous ne pouvons encore déduire de ces derniers nombres, la proportion de matières étrangères, trouvée dans les écumes : le sucre dans celles-ci doit être regardé comme du jus, et il faut donc diminuer la proportion des matières étrangères dans les écumes, de la quantité qui avec le sucre formerait du jus.

En exécutant ces calculs, on trouve que la défécation a éliminé dans

I. 25.

II. 30,7.

III. 66.

centièmes des matières étrangères totales, et que le coefficient de pureté de ces jus a dû être élevé, par suite, à respectivement 89,6 pour I et 90,4 pour II.

L'épuration pour le jus de pression n'est pas aussi considérable que ne devrait le faire entrevoir le nombre 66 %, qui ferait monter le coefficient à 96,4. Évidemment, ces deux nombres révèlent-ils une cause d'erreur inhérente à l'écume de pression. C'est en effet ce qui a lieu : Les jus de diffusion, se distinguent très-essentiellement de ceux de pression par l'absence totale de toute pulpe, et même de toutes les particules fines provenant de la désintégration des cellules et qui échappent toujours au dépulpage, qui ne saurait atteindre que les particules d'un certain volume. Ces débris cellulaires, avec des déchets de substances incrustantes augmentent le poids de la substance organique étrangère retenue dans l'écume, sensiblement et dans une proportion impossible à préciser même approximativement ; probablement du reste ces particules ne se trouvent pas seules dans l'écume, mais accompagnées d'autres matières que de cellulose pure. Nous avons pu constater directement la présence de ces substances dans le jus, en apparence bien dépulpé, mais il nous a été jusqu'ici impossible d'en doser la quantité avec une exactitude suffisante pour permettre une correction du nombre 66 %. Cependant il n'y a aucun doute que ce nombre ne soit trop haut, et nous devons jusqu'à présent nous en tenir aux proportions de 25 et 30 % fournies par les jus absolument dépourvus de débris cellulaires, provenant de la diffusion.

Il n'y a plus qu'à déterminer la relation des substances organiques et inorganiques éliminées, contenues dans les quantités trouvées. En moyenne, on peut admettre d'après de nombreux dosages que les cendres et les substances organiques font respectivement les 30 et 70 centièmes des substances étrangères totales du jus. Cela posé, on trouve, d'après ce qui a été exposé jusqu'ici, que la défécation a éliminé dans l'écume I

31 p. c. des substances organiques et 13 p. c. des substances minérales ; et dans l'écume II

37 p. c. des substances organiques et 18 p. c. des substances minérales, originairement contenues dans le jus avant la défécation.

Composition de la matière fraîche.

| MATIÈRES DÉTERMINÉES dans la matière fraîche des filtres-presses | ÉCUMES DES PROCÉDÉS DE | | | | | | | |
|---|---|---|---|---|---|---|---|---|
| | PRESSION | | DIFFUSION | | TURBINAGE | | MACÉRATION | |
| | sans saturation | avec saturation | avant extraction | après extraction | avant extraction | après extraction | avant extraction | après extraction |
| A. *Matières solubles dans l'acide chlorhydrique :* | | | | | | | | |
| Eau | 37,35 | 34,86 | 46,87 | 48,56 | 48,15 | 56,12 | 48,16 | 53,54 |
| Chaux carbonatée | 6,25 | 9,85 | 28,43 | 28,09 | 26,80 | 23,78 | 29,25 | 23,74 |
| — pure | 10,31 | 11,68 | 7,28 | 6,85 | 3,68 | 2,10 | 0,47 | 0,35 |
| — oxalatée | 4,12 | 2,88 | 1,62 | 1,60 | 1,37 | 0,91 | 0,02 | 0,02 |
| — phosphatée | 5,48 | 4,25 | 0,91 | 0,88 | 0,69 | 0,53 | 2,02 | 1,35 |
| Phosphate de fer | 2,37 | 3,00 | 1,86 | 1,76 | 1,07 | 0,78 | 1,08 | 1,07 |
| Magnésie | 1,24 | 0,88 | 0,09 | 0,07 | 0,01 | 0,03 | 0,30 | 0,40 |
| Chaux combinée à des acides organiques | 5,50 | 4,90 | 7,04 | 6,27 | 2,33 | 1,93 | 1,81 | 2,48 |
| Chaux sulfatée | 0,18 | 0,27 | 0,51 | 0,42 | 0,26 | 0,14 | 0,36 | 0,28 |
| Alcalis | 0,07 | 0,07 | 0,06 | 0,02 | 0,09 | 0,06 | 0,05 | 0,05 |
| Subst. organiques non déterminées | 7,66 | 11,63 | 2,20 | 2,94 | 7,59 | 5,92 | 5,78 | 6,48 |
| Sucre | 3,50 | 2,26 | 2,50 | 1,38 | 3,30 | 1,44 | 4,72 | 0,76 |
| B. *Matières insolubles dans l'acide chlorhydrique :* | | | | | | | | |
| Inorganiques | 1,30 | 1,82 | 0,09 | 0,14 | 0,58 | 0,50 | 2,30 | 2,00 |
| Organiques | 14,67 | 11,65 | 0,54 | 4,02 | 3,85 | 3,76 | 6,70 | 5,59 |
| | 100,00 | 100,00 | 100,00 | 100,00 | 100,00 | 100,00 | 100,00 | 100,00 |
| Azote en 100 parties | 1,08 | 1,01 | 0,10 | 0,10 | 0,40 | 0,28 | [illegible] | [illegible] |
| Proportion correspondante d'albumine | 6,75 | 6,34 | 0,63 | 4,00 | 2,50 | 1,75 | 5,14 | 0,50 |

Composition de la matière sèche.

| MATIÈRE SÈCHE | ÉCUMES DE | | | | | | | |
| --- | --- | --- | --- | --- | --- | --- | --- | --- |
| | PRESSION | | DIFFUSION | | TURBINAGE | | MACÉRATION | |
| | sans saturation | avec saturation | avant | après | avant | après | avant | après |
| | | | extraction | | extraction | | extraction | |
| A. *Matières solubles dans l'acide chlorhydrique :* | | | | | | | | |
| Chaux carbonatée . . . . . . . . . . | 9,98 | 15,12 | 53,52 | 54,61 | 51,69 | 58,75 | 56,41 | 55,44 |
| — pure. . . . . . . . . . . . | 16,45 | 17,93 | 13,71 | 13,32 | 7,10 | 4,79 | 0,90 | 0,76 |
| — oxalatée . . . . . . . . . . | 6,58 | 4,42 | 3,05 | 3,10 | 3,03 | 2,07 | 0,04 | 0,03 |
| — phosphatée . . . . . . . . . | 8,75 | 6,53 | 1,71 | 1,72 | 1,32 | 1,24 | 3,89 | 2,66 |
| Phosphate de fer . . . . . . . . . . | 3,78 | 4,60 | 3,50 | 3,42 | 2,05 | 1,77 | 2,09 | 2,26 |
| Magnésie . . . . . . . . . . . . | 1,97 | 1,34 | 0,17 | 0,13 | 0,08 | 0,07 | 0,58 | 0,87 |
| Chaux combinée à des acides organi- niques. . . . . . . . | 8,78 | 7,52 | 13,23 | 12,08 | 4,49 | 4,44 | 3,49 | 5,33 |
| Chaux sulfatée . . . . . . . . . . | 0,29 | 0,41 | 0,96 | 0,82 | 0,50 | 0,32 | 0,69 | 0,60 |
| Alcalis. . . . . . . . . . . . . . | 0,12 | 0,11 | 0,12 | 0,04 | 0,18 | 0,12 | 0,10 | 0,09 |
| Substances organiques indéterminées. | 12,21 | 17,85 | 4,14 | 5,71 | 14,65 | 13,50 | 11,18 | 13,96 |
| Sucre . . . . . . . . . . . . . . | 5,59 | 3,48 | 4,71 | 2,68 | 6,36 | 3,28 | 3,32 | 1,65 |
| B. *Matières insolubles dans l'acide :* | | | | | | | | |
| Inorganiques . . . . . . . . . . . | 2,08 | 2,80 | 0,17 | 0,28 | 1,13 | 1,15 | 4,39 | 4,31 |
| Organiques . . . . . . . . . . . . | 23,42 | 17,89 | 1,04 | 1,99 | 7,42 | 8,56 | 12,92 | 12,04 |
| | 100,00 | 100,00 | 100,00 | 100,00 | 100,00 | 100,00 | 100,00 | 100,00 |
| Azote en 100 parties . . . . . . . . | 1,723 | 1,530 | 0,184 | 0,314 | 0,763 | 0,638 | 1,581 | 1,076 |
| Proportion correspondante d'albumine | 10,78 | 9,56 | 1,15 | 1,94 | 4,76 | 3,98 | 9,88 | 6,72 |

Remarquons que ces derniers nombres s'accordent très-bien avec le calcul des phosphates et de la magnésie, parties constituantes principales des matières minérales précipitées.

Il serait à désirer que des recherches semblables fussent faites pour les écumes d'autres procédés d'épuration ; mais non sans détermination directe et très-exacte des quantités obtenues en proportion du *poids* des betteraves travaillées.

### Analyse d'écumes de diverses provenances.

Ces analyses furent exécutées par M. Thiele d'après la méthode suivante :

*L'eau*, expulsée par un courant d'acide carbonique sec, fut pesée directement ; la quantité trouvée comprend donc aussi l'eau d'hydratation. La *chaux pure* est fournie par le calcul, basé sur la proportion d'eau trouvée $a$ et la diminution $e$ qu'éprouve le poids de la matière pendant l'action de l'acide carbonique, d'après la formule $\frac{28}{22}$ $(a-e)$. *L'azote* fut déterminé par la méthode ordinaire, *l'acide carbonique* au moyen de l'appareil Scheibler et les alcalis, comme les autres matières d'après les meilleures méthodes usitées.

La provenance de l'écume est indiquée dans les tableaux précédents qui contiennent les nombres trouvés ; l'écume provenant du procédé de *pression* est de l'écume de l'ancienne défécation simple, les autres ont été obtenus par la défécation et saturation combinées ou par la carbonatation trouble. (Voir les tableaux aux pages précédentes 53 et 54.

### Épuration des jus et sirops.

*Procédé Lagrange.* Un nouveau procédé a été proposé par M. Lagrange (1), ayant pour but une forte épuration des produits sucrés, moyennant l'application de la baryte et du phosphate basique d'ammoniaque. Cette épuration repose sur l'élimination de certains composés minéraux et organiques, nuisibles à la cristallisation du sucre, qui échappent au traitement calco-carbonique. (L'auteur ne dit pas, s'ils échappent aussi à un bon traitement au noir animal, qui nous paraît mériter de beaucoup la préférence sur la méthode Lagrange).

L'action de la baryte et du phosphate d'ammoniaque est décrite par l'auteur dans les termes suivants :

Indépendamment des sels organiques de chaux, indécomposables par l'acide carbonique, il y a dans les jus sucrés, des sulfates de soude et de potasse, des acides végétaux, combinés également à la potasse et à la soude.

De ces corps une forte proportion est éliminée par les deux agents proposés. Les sels organiques de chaux qui résistent à l'acide carbonique, sont totalement décomposés par le phosphate d'ammoniaque. Il se forme, en effet, du phosphate de chaux insoluble et il se produit des sels ammoniacaux.

Parmi ces sels organiques de chaux, il y en a d'une nature particulière, qui sont également précipités par la baryte. La baryte, dans ce cas, agit par action de

---

(1) Mémoire sur la fabrication et le raffinage du sucre. *Journal des fabr. de sucre,* XIV, nᵒˢ 34 et suiv.

présence, sans se combiner à cet alcali. Ce sel organique de chaux, précipité d'une pièce par la baryte, on le retrouve dans les tourteaux, sous forme de « carbonate de chaux » insoluble. (L'auteur n'explique pas, par quelle réaction le sel à acide organique, précipité d'une pièce par la baryte, est transformé en carbonate). L'auteur a trouvé par l'expérience que l'addition de la baryte enlève toujours 1/3 de la chaux contenue dans le sirop.

On peut donc d'abord utiliser cette action coagulante, particulière de la baryte, avant de faire agir, sur les sels organiquesde chaux, le phosphate d'ammoniaque.

L'action de la baryte est également utilisée pour la décomposition des sulfates alcalins et alcalins-terreux. Il se forme du sulfate de baryte et les alcalis sont mis en liberté.

On nous permettra cependant d'observer que cette action ne pourra pas servir pour augmenter le rendement sucrier, car les alcalis libres entravent la cristallisation beaucoup plus que les sulfates, propriété de laquelle la pratique se sert du reste depuis longtemps. De même, nous ne reconnaissons pas ce qui adviendra des sels ammoniacaux à acide organiques, produits par le phosphate basique d'ammoniaque. Du moins le passage suivant n'éclaircit nullement la réaction finale ; l'auteur poursuit en effet en ces termes :

Cette action de la baryte s'applique également à l'élimination des acides végétaux qui, eux aussi, sont combinés à la potasse et à la soude. Le traitement calco-carbonique n'ayant pu les éliminer, cette base n'agit plus alors sur ces sels, par action de présence et par coagulation, mais de la manière que voici : elle s'y combine directement pour former un sel organique de baryte, insoluble dans un milieu alcalin, et soluble dans un milieu acide, en laissant en liberté les alcalis soude et potasse. Ces alcalis décomposent complétement les sels ammoniacaux ; l'ammoniaque se volatilise.

Or, l'auteur ayant dit plus haut, que les sels ammoniacaux provenaient des acides organiques primitivement combinés à la chaux, on ne voit pas trop ce qu'il y aura de gagné, la coagulation par la baryte exceptée ; car on trouve, en définitive les sels à base d'alcali et à acide organique dans le sirop, et les alcalis libres, dans le sirop aussi, de sorte que la propriété mélassique du sirop ne paraît pas sérieusement modifiée. Dans tous les cas, nous remarquerons que les réactions chimiques nouvelles mises en action par ce procédé nous semblent demander avant tout un éclaircissement par voie d'expériences chimiques, *quantitatives*, et puis par des épreuves comparatives d'une certaine étendue. En attendant que les faits principaux et fondamentaux soient bien établis par ces essais, les questions économiques et autres que peut faire surgir le procédé de M. Lagrange, et qui sont traitées amplement dans le mémoire en question, nous paraissent ne présenter qu'un intérêt secondaire.

*Procédés d'épuration divers.*

Nous enregistrons pour ne rien omettre, les soi-disant inventions suivantes. Quoique leurs auteurs croient pouvoir en prédire une influence prononcée sur le développement de la sucrerie, nous ne pensons pas, que nous ayons à revenir plus tard sur l'un ou l'autre de ces procédés.

La méthode brevetée pour M. Freydier Dubreuil a pour objet d'obtenir simultanément le sucre que renferment les jus et les sels de potasse ou de soude.

Le jus est traité par un lait de chaux de manière à transformer tout le sucre en sucrate de chaux. Ce sucrate est alors précipité à chaud, soit par une solution de sulfate de potasse ou de soude, soit par une solution de phosphate. Il en résulte le sel insoluble de chaux qui est séparé et du sucrate de potasse ou de soude.

C'est cette transformation en sucrate alcalique qui constitue la partie principale de l'invention. Pour extraire le sucre, on emploie deux procédés distincts :

1° La méthode ancienne Dubrunfaut. On précipite le sucre par le sulfure de baryum ou par l'hydrate de baryte. Dans le premier cas, on obtient du sucrate de baryte et une solution de sulfate alcalin qu'on transforme en phosphate ; dans le second, on obtient aussi du sucrate de baryte, et puis une solution d'alcali, qu'on traite comme la vinasse de mélasse.

2° Méthode propre de l'inventeur. On précipite le sucre à l'état de sucrate de magnésie ou par le sulfure de magnésium, et dans ce cas, il reste comme précédemment, un sulfure de potassium ou de sodium qui sera transformé en phosphate, ou par le phosphate neutre de magnésie qui laisse en solution du phosphate neutre de potasse ou de soude.

Les sucrates de baryte et de magnésie sont traités par l'acide carbonique, et rendent le sucre dépouillé de sels et des carbonates de baryte ou de magnésie.

Ce sont là plutôt des réactions chimiques et curieuses de laboratoires que des procédés techniques, praticables en sucrerie. Nous croyons donc pouvoir passer sous silence les *additions* à ce brevet, concernant l'emploi des *dolomies*. On ne s'en servira pas plus que du brevet principal.

M. Tessié du Motay vise aussi à une transformation des méthodes de fabrication, par des moyens dont la nouveauté égale la praticabilité. L'inventeur se propose :

1° De produire simultanément la défécation et la décoloration des jus sucrés en supprimant la défécation trouble et le noir animal ;

2° De décolorer les liqueurs sucrées provenant du traitement des mélasses par la baryte. Les procédés de défécation et de décoloration simultanées des jus sucr's comprennent deux méthodes qui ne diffèrent l'une de l'autre que par le mode d'emploi des bisultites alcalins-terreux ou du sulfite d'alumine qui servent d'agents décolorants et précipitants.

1) On ajoute soit à froid, soit à chaud, 1 à 2 parties pour 100 de chaux hydratée aux jus sucrés de la betterave ou de la canne. Ces jus étant ainsi rendus alcalins, on les défèque, puis on ajoute à la liqueur chaude ou refroidie la quantité de bisulfite de magnésie nécessaire pour saturer et précipiter la moitié ou les deux tiers de la chaux qui reste combinée après la défécation. Il se précipite du sulfate de chaux et il reste dans la liqueur de la chaux et de la magnésie solubles dans le jus sucré. Pour précipiter cette magnésie et cette chaux tout à la fois, on ajoute du bisulfite de chaux ou du sulfite d'alumine. Dans le premier cas, il se forme un

sulfite double de chaux et de magnésie insoluble, dans le second, il se précipite tout ensemble des sulfites de magnésie, de chaux et de l'alumine. Au lieu de bisulfite de chaux et de sulfite d'alumine on peut, du moins selon l'auteur, employer un courant d'acide carbonique qui *précipite tout*, la magnésie, la chaux, unies au sucre à l'état de carbonates de magnésie et de chaux insolubles.

2) On introduit d'abord dans les jus sucrés 1 pour 100 de chaux pour opérer une première défécation. Cela fait, on précipite la chaux combinée au sucre par des bisulfites de magnésie, de chaux ou par du sulfite d'alumine; après cette précipitation dans la liqueur maintenue chaude, on ajoute une quantité nouvelle de chaux hydratée s'élevant à 0,50 ou 1,0 % du poids du jus. Quand la chaux a accompli sa réaction, on ajoute une nouvelle quantité de bisulfite égale à la moitié ou aux deux tiers de la chaux à précipiter, puis on neutralise la liqueur en faisant passer un courant d'acide carbonique, qui précipite les bases sous forme de carbonates.

Les *mélasses* provenant du traitement des sucres de betteraves ou de cannes, contiennent toujours une certaine quantité de glucose.

Quand on se propose d'extraire par la baryte le sucre cristallisable que contiennent ces mélasses, il est souvent nécessaire de détruire au préalable ce glucose par l'action d'un alcali ou de la chaux. Il se forme alors des ulmates qui colorent fortement les liqueurs et restent unies avec le sucrate de baryte insoluble et passent à la fin dans les solutions sucrées produites.

Cette coloration peut être détruite en grande partie de la manière suivante :

Lorsque la liqueur barytique sucrée, traitée par l'acide carbonique, ne contient plus que 2 à 3 % de baryte, on fait cesser l'action de l'acide carbonique, et on ajoute, pour précipiter le reste de la baryte, du sulfite d'alumine ou du bisulfite de chaux ou de magnésie.

L'alumine, du moins selon l'avis de l'auteur, entraîne en passant à l'état insoluble, la matière colorante sous forme de *laque* (?) Les sulfites solubles de chaux et de baryte ou de magnésie agissent à la fois comme décolorants et comme précipitants, de sorte que dans l'un et l'autre cas, les matières colorantes chimiques sont presque totalement entraînées à l'état insoluble, et que les liqueurs sucrées se clarifient et se décolorent,

Nous n'avons pas encore appris que ce procédé ait été appliqué d'une façon pratique.

### Le noir animal.

*Propriétés du noir; pouvoir absorbant vis-à-vis de la chaux et des matières colorantes.* On doit à M. Scheibler des recherches très-intéressantes à ce sujet, auxquelles l'auteur fut amené par le fait, que des théories sans fondement sur les causes de cette absorption ont trouvé de nouveau des défenseurs, théories que les recherches dont nous parlons, réfutent encore de la manière la plus positive.

Les expériences de M. Scheibler, en effet, étaient destinées à démontrer que, contrairement à la théorie en question, l'absorption par le noir de la chaux et des matières colorantes, est indépendante de la présence d'acide carbonique pour la première et de l'oxygène pour les dernières. Voici brièvement la manière dont ces expériences ont été faites :

De deux échantillons d'un noir de meilleure qualité de 25 gr. chacun, on chauffa l'un au rouge dans un petit creuset de fer bien clos, et on le fit refroidir au contact de l'air; l'autre fut chauffé au rouge dans un tube de verre traversé par un courant d'hydrogène pur et laissé refroidir dans ce courant. Avec chacun de ces échantillons on traita

*a.* 100 c. c. d'une solution de saccharate de chaux pure,

*b.* 100 c. c. d'une solution de mélasse diluée, sans que le charbon provenant du courant d'hydrogène ait pu venir en contact avec l'air atmosphérique.

La solution de saccharate contenait 2,52 gr. de chaux pure en 100 c. c. Après le contact avec le noir, chauffé dans le creuset de fer, le même volume ne posséda plus que 1,32 gr. de chaux; le noir en avait donc absorbé 0,60 grammes. D'un autre côté, la solution ayant subi le contact du noir provenant du chauffage dans l'hydrogène, contint 1,86 gr. de chaux en 100 c. c., de sorte que ce noir avait absorbé 0,66 grammes, c'est-à-dire 1/10 de plus que le noir, qui avait pu absorber de l'acide carbonique.

La solution de mélasse servit à déterminer l'absorption de la matière colorante : les solutions traitées avec les deux échantillons différents montrèrent au chromoscope des couleurs identiques; donc l'absorption de l'oxygène de l'air a été sans aucune influence sur celle de la matière colorante. Ce résultat décisif devrait avoir enfin pour effet de faire disparaître toutes les explications basées sur les théories ainsi réfutées.

A l'égard des expériences de l'absorption de la matière colorante, M. Kohlrausch a démontré directement, ce qui du reste n'aurait dû jamais être mis en doute, que cette matière n'est nullement détruite, mais peut être extraite *intacte* du noir.

L'auteur, à cet effet, extraya 66 grammes de noir pur avec 100 c. c. d'ammoniaque. Après filtration et lavage jusqu'à obtention de 100 centimètres cubes, le liquide fut observé dans le chromoscope Stammer. La couleur bien que faiblement perceptible l'était trop peu pour fournir une indication précise.

En outre, 1 gr. de mélasse fut dilué avec de l'eau à 100 c. c. La couleur déterminée avec l'instrument indiqué fut de 7,14.

Cela posé, 66 gr. du même noir furent mis en contact avec 100 c. c. de mélasse diluée, contenant 1 gramme de mélasse. Après filtration et lavage jusqu'au volume de 2,50 c. c., on obtint un liquide de la couleur de 0,63. Le noir ayant absorbé la matière colorante fut ensuite traité avec 100 c. c. de liqueur ammonique. La liqueur fut filtrée, le résidu noir lavé jusqu'à obtention de trois fois 2,50 c. c. de liquide, la couleur des trois fractions de 2,50 c. c. fut déterminée à

    1) 3,13

    2) 2,50

    3) 0,74

Elle a donc été en tout de 6,37. La couleur de la solution originale ayant été 7,14, dont 0,63 n'avait pas été absorbés, il s'en suit que des 6,51 absorbés par le noir, le traitement à l'eau ammoniacale avait reproduit 6,37, c'est-à-dire les 98 centièmes.

On voit qu'une destruction ou disparition quelque peu sensible de la matière colorante n'a pas lieu, mais qu'elle peut être reproduite par un lavage systématique du noir.

M. Kohlrausch, par une autre série d'expériences très-soignées, a démontré que *l'ammoniaque* ou le carbonate ammonique, qui se produit toujours pendant l'action de la vapeur sur le noir dans les filtres provient de l'azote *combiné au carbone* du noir, c'est-à-dire du carbone azoté constitutif du noir animal et non d'azote *absorbé* de l'air atmosphérique. La quantité d'ammoniaque qui peut être dégagée d'une quantité de noir donnée, sous l'influence de la vapeur d'eau et d'une température élevée, est donc restreinte et en proportion définie avec le carbone azoté du noir, et non pas, comme on l'a voulu prétendre, illimitée et soumise seulement à l'absorption réitérée de l'azote de l'air. Cette absorption, d'après les expériences concluantes de M. Kohlrausch est sensiblement nulle. Il paraît que l'ammoniaque se trouve tout formé dans le noir; dans tous les cas il disparaît entièrement avec le carbone azoté et ne peut être régénéré par l'exposition à l'air, etc.

### Révivification du noir.

*Procédé Eisfeldt.* Nous avons parlé, dans le premier supplément, de ce procédé qui comprend la cuisson du noir avec *l'eau condensée*, c'est-à-dire avec l'eau ammoniacale produite par la condensation par la surface de la vapeur du jus pendant la concentration dans les appareils à double ou à triple effet. Ce procédé a éprouvé encore un développement (breveté pour MM. Eisfeldt et Thumb), que nous décrirons ici en représentant l'appareil breveté dans la figure 16 et en renvoyant le lecteur pour les remarques auxquelles peut se prêter l'application du principe de ce traitement, à la page 50 du supplément 4er.

L'appareil perfectionné et plus compliqué que celui qu'on employait jusqu'ici, a pour but principal de permettre l'emploi de l'eau ammoniacale dans toutes les fabriques à sucre, lors même qu'on n'y travaille point de betteraves, et qu'il n'y ait pas, par conséquent, de la vapeur de jus condensée. Dans ce cas, on emploie avec le nouvel appareil de l'eau pure avec une addition d'ammoniaque que l'on peut faire aussi forte qu'on le désire, l'appareil étant disposé de façon à permettre la régénération de la totalité de l'ammoniaque, sauf les pertes inévitables.

Le but du traitement plus complet par l'ammoniaque a été en même temps de rendre superflu la calcination du noir à la fin de la révivification, mais ce but ne paraît pas jusqu'ici avoir été parfaitement atteint (voir plus bas).

L'appareil Eisfeldt et Thumb se compose principalement de 5 vases clos, de la forme et des dimensions réciproques représentées dans la figure 16; le volume absolu dépend naturellement de l'étendue du travail à exécuter. Les deux vases principaux A et B servent à la cuisson du noir et sont de même construction. Ils sont munis de deux double fonds *a* perforés dans toute leur étendue, excepté un cercle au milieu qui, au moyen d'un rebord à la face intérieure, force la vapeur à se répandre uniformément sur toute la largeur du vase. Ces doubles fonds sont disposés en plusieurs parties pour pouvoir être enlevés et replacés par les trous d'homme. Entre ces deux double fonds on place un tamis en fer galvanisé qui empêche le noir de tomber dans la capacité inférieure, qui sert d'entrée à la vapeur.

*d* est le tuyau de vapeur, un autre sert à la sortie de l'eau ; immédiatement au-dessus du double fond se trouve le trou d'homme pour la vidange; un autre au sommet sert au chargement.

À côté de ce dernier se trouve la soupape de vapeur *c* pour le dégagement de la

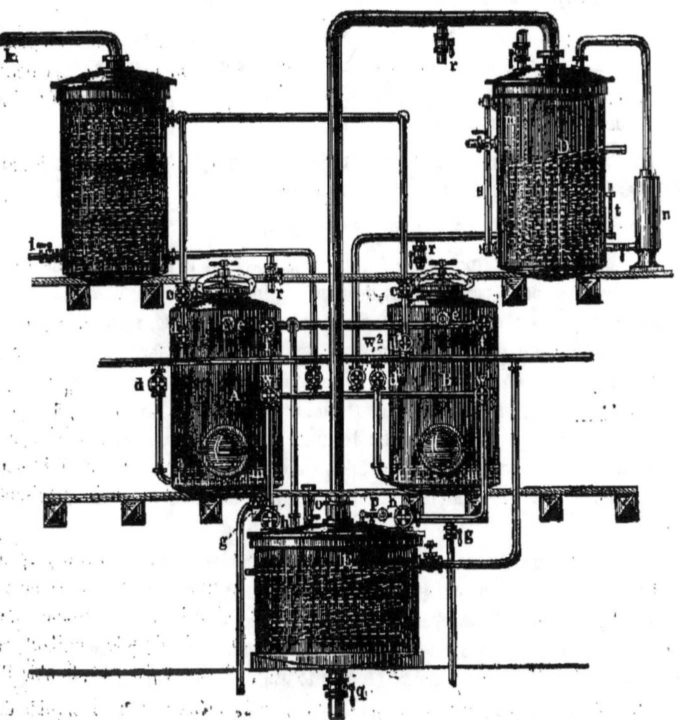

Fig. 16.

vapeur pendant la cuisson. En outre, les vases sont munis de la soupape trop-plein *r* et des soupapes $w^1$, $w^2$, $w^3$ pour le chargement des différents liquides, tandis que les robinets *g* et les soupapes *h* servent à évacuer le contenu liquide des vases A et B soit en dehors soit dans le vase E.

*e*, *e* sont les verres ou lunettes pour l'observation de la cuisson, $d^1$ et $d^2$ des soupapes à vapeur pour les parties supérieures ou inférieures des vases.

Le vase *c* contient un serpentin dans lequel circule la vapeur provenant soit de la soupape de vapeur *c*, soit de $w^2$ ou $w^1$, et qui chauffent en se condensant, l'eau froide qui entre en C par *i* pour en sortir par *k*.

Dans le vase opposé D le serpentin contient l'eau de refroidissement. Les vapeurs qui doivent se condenser dans cette capacité, entrent par le tuyau $l$ terminé en pomme d'arrosoir et se répandent dans le liquide qui remplit la partie inférieure de D. Le tuyau $m$ s'enfonce également jusque dans ce liquide ; il sert à amener l'eau froide et est muni d'un robinet au-dessus du vase D. Les gaz non condensés dans ce vase, sont amenés par un tuyau recourbé dans le petit matras $n$, où ils passent à travers de l'eau, et qui sert d'appareil de sûreté en cas de vide se produisant en D.

S est un tuyau en verre, niveau d'eau, $t$, un thermomètre.

Le vase E sert d'alambic ; il est muni d'un serpentin à vapeur et communique par $h$, $h$ avec A et B et par $l$ avec D. L'ajoutage avec robinet $o$ sert d'entonnoir pour introduire des substances liquides ; en outre il y a une soupape de sûreté $p$ en forme de reniflard et un robinet de vidange $g$.

Cet alambic sert pour la régénération de l'ammoniaque avec les liquides ayant déjà servi ou à sa production avec des sels ammoniacaux.

$r\,r\,r$ sont des robinets pour les différents conduits.

*Manière d'opérer.* Le noir animal ayant déjà passé par la fermentation ou par le traitement à la soude pour la revivification, est introduit dans A ou B par le trou d'homme supérieur, toutes les soupapes et robinets, $g$ excepté, restent fermés. On remplit jusqu'à un décimètre au-dessous de $f$. Ensuite on ferme l'ouverture du trou d'homme, et on soumet le noir à l'action de la vapeur entrant par $d^3$ pour chasser l'eau de lavage autant que possible. Cela fait, on ferme $d^2$ puis $g$ et on introduit par $w^2$ et $w^1$ autant de liquide ammoniacal, d'une teneur de 2 % provenant du vase D, que le noir en soit bien recouvert, comme on peut voir par $e$. Alors on ferme $w^3$, on ouvre $c$ et on commence la cuisson en introduisant la vapeur par $d^1$.

Les vapeurs (ammoniacales) qui se produisent sont condensées dans le serpentin du vase C et retournent comme eau ammoniacale au-dessous du double fond du vase en marche, par les soupapes $w^2$ et $w^1$. Par suite de la condensation de la vapeur de chauffage, il y a augmentation du volume de liquide bouillant ; sitôt que celui-ci dépasse la lunette $c$, on écoule le trop plein par $v$ dans l'alambic E.

On prolonge la cuisson pendant une heure ; après quoi on écoule le liquide dans l'alambic E et on introduit de nouveau dans le vase à cuisson de l'eau ammoniacale de 2 % qu'on fait bouillir avec le noir comme la première fois.

Pendant la seconde cuisson, qui dure encore une heure, on distille l'ammoniaque du liquide en E en se servant du vase D comme condensateur. Pour rendre libre l'ammoniaque, on introduit quelques kilogrammes de lait de chaux par l'entonnoir $o$. On y ajoute de temps en temps pour réparer les pertes inévitables, du sulfate ou du chlorhydrate d'ammoniaque. La quantité de ces substances qu'il faut employer, dépend naturellement de la marche du travail et des pertes éprouvées. On préfère produire une solution plus concentrée et la délayer dans le vase D à la teneur voulue de 2 centièmes.

Le robinet $r$ du tuyau $l$ entre l'alambic et D est employé pour reconnaître si tout l'ammoniaque est chassé de l'alambic E. De même le robinet $r$ entre D et la soupape $w^3$ servent à prendre une épreuve du liquide pour le titrer avec de l'acide sulfurique et en reconnaître le titre ammoniacal.

On répète la cuisson avec l'eau ammoniacale et la régénération de l'ammonique aussi longtemps que celle-ci dissout encore des matières organiques; ce qu'on reconnaît aisément en évaporant presque à siccité un peu de liquide dans une capsule en porcelaine, et en ajoutant quelques gouttes de soude caustique en solution; un brunissement effectué indique la présence de substances organiques.

Les auteurs ont trouvé que pour le complet épuisement du noir une cuisson trois fois exécutée suffisait pleinement.

On finit en soumettant le noir à l'action de la vapeur, en ouvrant la soupape $d^2$ et fermant toutes les ouvertures, $h$ excepté. Enfin on évacue le vase et on lave encore le noir avec de l'eau distillée, c'est-à-dire avec de la vapeur condensée pure.

Les deux vases à cuisson servent alternativement. Les auteurs conseillent même aux sucreries d'exécuter comme travail préparatoire une cuisson d'une heure de durée dans de *l'eau condensée*, en courant continu avant l'emploi de la dissolution ammonique. Il faut alors ajouter à l'installation un troisième vase de cuisson.

Les auteurs assignent à leur procédé les avantages suivants :

1. Réduction de l'emploi de l'acide chlorhydrique à une quantité insignifiante; cessation de l'emploi de la soude, le tout contre un faible emploi d'ammoniaque.

2. Amoindrissement considérable de l'usure du noir, qui avec ce procédé, ne serait que les 50 ou 60 centièmes de l'usure ordinaire.

3. Amélioration considérable de la qualité du noir.

4. La calcination du noir avec tous ses désavantages deviendrait superflue, il n'y aurait plus de réduction du sulfate de chaux en sulfure de calcium, ni de combustion lente mais certaine du carbone; enfin les frais de calcination n'existeraient plus.

Cependant nous pensons que les trois premiers avantages énumérés sont les seuls dont on puisse être absolument certain. Nous tenons pour probable, que la calcination devient superflue, si *toutes* les opérations de la révivification, sans exception, sont exécutées avec le plus grand soin et la plus grande exactitude possible; mais ce n'est pas la règle pour une grande fabrication; et dans ce cas, il vaudra toujours mieux augmenter que restreindre les manipulations pour vérifier le noir, dans le but d'être certain du meilleur effet. Aucune dépense n'est mieux rémunérée que celle qui améliore la qualité du noir.

Nous disons cela en général, sans vouloir prétendre qu'il n'y ait un terme à ce travail et notamment sans vouloir affirmer que le procédé Eisfeldt-Thumb soit rémunérateur dans toutes les circonstances. Dans tous les cas, son installation est coûteuse et les frais d'entretien nous paraissent plus considérables que ne semblent penser les auteurs. Si la calcination devenait réellement superflue par cette cuisson à l'ammoniaque, le calcul serait sans contredit en faveur de celle-ci, mais il ne paraît pas certain que cela ait lieu même pour un travail très-soigné. Voici, à cet égard, quelques-unes des observations de M. Bodenbender, qui a travaillé pendant assez longtemps sans calcination : La diminution certaine de l'efficacité du noir par suite des calcinations réitérées ont fait adopter à ce fabricant le traitement à l'ammonique dilué, et en réalité, la révivification du noir a été sensiblement améliorée. Le noir a repris entièrement sa force d'absorption pour toutes les substances, excepté cependant les *substances colorantes*. Il est vrai que pour un bon effet, cette méthode demande beaucoup de soin (comme nous l'avons déjà fait remarquer), à moins de produire des désavantages sérieux. Cependant, dit M. Bodenbender, si le procédé en question ne permet pas de se passer entièrement de la calcination, aussi longtemps que la nuance des sucres est considérée comme un point essentiel, il constitue dans tous les cas la meilleure préparation pour la calcination, de façon que les désavantages de cette dernière disparaissent presque complétement. Il ne se formera plus de sulfures métalliques ni de charbon brillant, et la durée de la calcination pourra être diminuée de beaucoup.

Toutes les tentatives pour éliminer les derniers restes des substances colorantes autrement que par une température élevée ont échoué : peu à peu la nuance des sucres a baissé, de sorte qu'on a dû, pour produire des sucres *blancs*, revenir à la calcination.

## *Effet quantitatif de la filtration.*

Nous avons parlé p. 246 et suiv. de notre Traité des essais qui ont été faits plusieurs fois pour déterminer l'effet quantitatif atteint, c'est-à-dire le poids réel des substances étrangères éliminées par la *filtration*.

On voit par le résumé des recherches citées, que dans toutes les recherches on a procédé par différence, c'est-à-dire que de la composition des jus avant et après la filtration on a conclu que la différence des matières étrangères *a dû être absorbée* pendant la filtration. C'est de cette façon que nous avons procédé dans une analyse antérieure dont nous avons parlé à l'endroit cité, et c'est aussi la marche qu'ont suivi les autres chimistes, sauf quelques cas particuliers où on a eu pour objet de mettre en lumière le principe de l'absorption au moyen d'expériences spéciales de laboratoire. Ces dernières ne nous paraissent pas devoir en ce cas fournir des indications valables pour la grande pratique, pour des raisons que nous nous abstenons de relever ici, mais qui n'échapperont à personne. Pour les déterminations par différence et en fabrique, nous remarquerons qu'aux causes d'incertitude si nombreuses dans toutes les recherches par ce moyen, viennent s'en joindre d'autres plus importantes encore, propres au cas particulier dont nous parlons. Nous citerons seulement en premier lieu la difficulté d'obtenir des échantillons de composition effectivement moyenne des jus filtrés et non filtrés correspondants, et ensuite l'influence du *lavage* des filtres qui dissout une partie plus ou moins notable des matières étrangères absorbées par le noir. Bien que dans quelques fabriques, ces eaux soient travaillées séparément (et l'ont été, en effet, bien longtemps avant que M. Pessoz se soit fait breveter ce mode de travail), elles ne finissent pas moins par rentrer dans le cercle des produits de la fabrication, auxquels elles ramènent de l'une ou de l'autre façon, dans un point ou dans un autre, une partie des éléments abandonnés au noir pendant la filtration et redissous pendant le lavage subséquent.

C'est même ce qui a conduit divers chimistes à nier totalement l'absorption des sels par le noir animal.

Nous avons donc tâché par un mode de procéder tout à fait différent, de reproduire *en nature* et *de peser directement* les substances qui restent définitivement absorbées et par suite réellement éliminées des jus, et nous sommes ainsi arrivés à un résultat positif et incontestable, quoique la méthode employée puisse encore être perfectionnée, ce qui du reste ne pourrait avoir pour effet que d'augmenter les chiffres que nous avons pu établir pour l'absorption.

Comme nous avions trouvé (voir 1ᵉʳ supplément, p. 55) qu'on peut extraire des substances organiques même du noir calciné en employant de l'eau pure ammoniacale, nous avons employé pour extraire les substances étrangères du noir après son usage dans le filtre et le lavage ordinaire, la même liqueur en forte proportion et nous y avons fait bouillir le noir à plusieurs reprises. Mais comme le résultat ainsi obtenu devait être faussé par les substances solubles, dont nous avions constaté la présence dans le noir révivifié, nous avons choisi le moyen de faire la détermination de cette dernière quantité pour le même noir et de la retrancher de celle constatée dans le noir après son emploi.

En prenant les deux échantillons du noir soigneusement et de façon à être sûr de leur correspondance, nous avons pu éliminer complétement cette faute adhérente a toutes les analyses de noir employé et nous avons pu doser effectivement les substances absorbées, dont on pourrait même étudier et reconnaître la nature de cette manière. Les deux échantillons du noir furent prélevés avec le plus grand soin à chacun des filtres choisis, lorsque ceux-ci furent remplis et vidés, de sorte qu'ils représentaient aussi sûrement que possible la composition moyenne de la même charge avant et après le service.

Trois filtres furent employés à cette recherche savoir : un filtre à jus concentré ou sirop (Dicksaft), et deux à jus ordinaire de 10 % environ.

Le filtre à jus concentré fut, après le service, soumis au lavage d'abord par le jus ordinaire (pour chasser le sirop) et ensuite, de même que le filtre à jus ordinaire par l'eau froide. Ce lavage fut conduit jusqu'au terme pratique du travail dans la fabrique en question.

Par conséquent, les éléments du jus extraits subséquemment du noir, représentent les matières qui y étaient restées après le lavage à l'eau froide et enlevées définitivement aux produits.

Pour aller au devant de l'objection que l'ammoniaque pourrait entrer dans la composition des matières extraites et en augmenter le poids, des expériences furent faites pour déterminer cette influence. La correction qu'elle nécessite, n'a été trouvée que fort insignifiante ; cependant elle a été faite rigoureusement pour tous les nombres qu'elle affecte.

Une autre correction plus importante se rapporte au phosphate de chaux. En effet, on sait que l'eau pure et plus encore l'ammoniaque, dissout des quantités appréciables de phosphate de chaux ; il nous a paru le plus sûr, de doser directement dans les extraits ce composé et d'en déduire le poids de celui trouvé au commencement.

5

Tous les nombres que nous allons citer ici, sont des nombres ayant subi les corrections signalées.

Pour extraire du noir les matières organiques, on en fit bouillir 100 grammes quinze fois avec l'eau ammoniacale dont 300 c. c. furent employés chaque fois ; la liqueur alors ne présentait plus de traces de coloration. Ensuite les liqueurs réunies furent filtrées, évaporées au bain-marie et séchées jusqu'à poids constant. Le résidu sec fut enfin incinéré.

Voici les résultats immédiats rapportés à 100 parties en poids de noir sec :

*Jus ordinaire à 10 % I.*

|                          | Avant filtration. | Après filtration. |
|--------------------------|-------------------|-------------------|
| Substances organiques... | $0^{gr},331$      | $1^{gr},269$      |
| — Inorganiques. ....      | $0^{gr},034$      | $0^{gr},101$      |

*Jus ordinaire à 10 % II.*

|                          |              |              |
|--------------------------|--------------|--------------|
| Substances organiques... | $0^{gr},305$ | $1^{gr},281$ |
| — Inorganiques. ....      | $0^{gr},053$ | $0^{gr},194$ |

*Jus concentré ou sirop.*

|                          |              |              |
|--------------------------|--------------|--------------|
| Substances organiques... | $0^{gr},265$ | $1^{gr},828$ |
| — Inorganiques. ....      | $0^{gr},058$ | $0^{gr},125$ |

Pour traduire ces données analytiques en nombres corrigés, on prendra le dosage de l'ammoniaque à 1,6 % de l'extrait, celui de l'acide phosphorique à 14,5 % ou de phosphate basique de chaux à 31,5 % des cendres, et celui du *sucre* à 0,4 % du noir après filtration.

Toutes ces corrections faites, on conclut des chiffres cités, que le noir a retenu du jus en moyenne :

Matières organiques. . . . . . . . . . . . . . . . . . .  0,54 %
Matières minérales. . . . . . . . . . . . . . . . . . .  0,07 %

et du sirop au jus concentré :

Matières organiques. . . . . . . . . . . . . . . . . . .  1,15 %
Matières minérales. . . . . . . . . . . . . . . . . . .  0,0 46 %.

de son propre poids, pris à l'état sec.

Pour donner la proportion absorbée pour un certain *poids de betteraves*, il fallut déterminer les quantités respectives, ce qui a mis en évidence, que pour un travail de :

23750 kilogrammes de betteraves,

on avait employé :

1 filtre ou 3150 kil. de noir pour le jus ordinaire, et 4/7 filtre ou 1800 kil. de noir pour le jus concentré ou sirop. Or, d'après les données citées plus haut, cette quantité de noir absorbe :

|                          | Matières organiques. | Matières inorganiques. |
|--------------------------|----------------------|------------------------|
| Du jus ordinaire. . . . . . . . | 17 kilos       | 2,2 kil.               |
| —  concentré . . . . . . . . . | 20,75          | 0.8                    |
|                          | 37,74                | 3,0                    |

Soit : matières étrangères, totales 40,75 kilos ou 0,17 %, *du poids des bette-raves.*

Ce chiffre définitif, nous ne voulons nullement le présenter comme l'expression d'une *loi générale* ; mais pour le cas donné correspondant à une bonne et normale fabrication, il représente bien sûrement l'effet produit.

En présence de ce chiffre, l'influence exercée par la filtration sur la pureté des jus paraît certainement être très-faible, de sorte, qu'on pourrait presque être porté à contester à cette opération une bonne partie de la valeur que nous lui attribuons, du moins en ce qui concerne l'effet *quantitatif.* On pourrait même trouver avantageux de réduire de beaucoup la quantité de noir employée, du moins pour la fabrication du sucre brut, et d'augmenter plutôt (même en l'employant pour les arrières produits), l'emploi de la chaux, de l'acide carbonique et de la purge à la turbine.

Mais ce n'est vrai qu'en apparence ; en effet, le calcul en reportant les chiffres ci-dessus *à la quantité totale des matières étrangères* restées dans le jus après la défécation et saturation, fournit une expression beaucoup plus claire et beaucoup plus favorable de l'effet de la filtration.

En faisant ce calcul, basé sur la composition déterminée exactement du jus brut, et du jus avant la filtration, nous avons trouvé que les 0,17 %, de matières étrangères restées définitivement dans le noir, et ne retournant plus dans les produits, représentent près de 9 %, du non-sucre renfermé dans le jus brut ou 12,5 %, du non-sucre des jus déféqués et carbonatés. Donc la filtration a enlevé la huitième partie du non-sucre contenu dans le jus immédiatement avant la filtration. Or, cette quantité est certes assez importante pour faire considérer l'emploi du noir, comme un moyen d'épuration tellement avantageux, que l'on est plutôt autorisé à conclure, qu'il est désirable et utile d'augmenter la quantité de noir autant que possible.

*Emploi du vinaigre de bois pour déchauler le noir.*

Les expériences dont nous allons rendre compte ont été faites par Knapp, dans le but de rechercher si l'acide acétique peut enlever au noir l'excès de chaux qu'il contient.

L'acide acétique et l'acide chlorhydrique, l'un et l'autre chimiquement purs et dilués à 2 %, ont été essayés comparativement sur du noir à trois états différents : neuf, à demi-épuisé, complétement épuisé.

Dans tous les cas, les échantillons furent réduits en grains de la dimension de la poudre à canon, et soumis à l'action de l'acide, à une basse température, pendant trois jours.

La quantité de chaux à enlever par la revivification ayant été déterminée, l'acide fut ajouté au noir, de telle sorte qu'il devait exactement neutraliser la proportion de chaux pour former soit du chlorure, soit de l'acétate de chaux.

L'acide chlorhydrique attaqua le noir avec une violence extrême, et son action dépassa l'effet désiré.

Au contraire, l'action de l'acide acétique resta en deçà de l'effet qu'on désirait obtenir; non-seulement, en effet, cet acide n'attaqua nullement le phosphate de chaux, mais de plus, il n'enleva pas au noir la totalité de la chaux qui devait disparaître dans la révivification.

La proportion de chaux enlevée fut : dans le noir épuisé, les 71 %; et dans le noir à demi-épuisé, les 63 % de la quantité calculée à priori. L'on trouvera l'explication de cette action incomplète de l'acide acétique, dans ce fait connu que cet acide mis en contact avec du carbonate de chaux, ne se sature jamais complétement, ainsi qu'il résulte d'expériences faites sur du carbonate de chaux parfaitement pur.

Dans un cas spécial, où l'on employa l'acide acétique dans une raffinerie pour déchauler le noir, pendant cinq à six ans, les résultats généraux observés concordent avec les faits que nous venons de citer.

Les déchets du lavage du noir sont aussi beaucoup moindres, lorsque l'on a traité celui-ci par l'acide acétique.

Si l'équivalent chimique de l'acide acétique, par rapport à la chaux n'était pas notablement plus cher que celui de l'acide chlorhydrique, on pourrait donc recommander l'emploi du premier dans les raffineries.

D'après l'opinion de M. Scheibler, une circonstance qui tendrait à faire repousser l'emploi de l'acide acétique, c'est qu'il est incapable de dissoudre le phosphate de fer. Or, dans la pratique, l'on a toujours à traiter des jus qui renferment du fer, et particulièrement au commencement de la campagne, alors que les appareils au repos se sont rouillés pendant l'été. L'oxyde de fer, excessivement soluble dans les jus qui contiennent des combinaisons de chaux et de sucre, se dépose ensuite, lors de la filtration, dans les pores du noir. Dans la pratique, l'on ne trouve jamais de noir qui ne renferme pas du fer, et celui que l'on emploie dans les raffineries de sucre colonial, en renferme même plusieurs centièmes.

L'emploi de l'acide acétique, pour enlever la chaux au noir donnerait certainement d'excellents résultats pendant quelque temps, c'est-à-dire jusqu'au moment où l'abondance des combinaisons de fer déposées dans les pores du noir réduirait, dans une notable proportion, la puissance d'absorption de ce dernier, et son pouvoir décolorant.

Il serait toutefois d'un grand intérêt d'essayer en grand l'emploi de l'acide acétique ou du vinaigre de bois, etc., en admettant que son équivalent par rapport à la chaux, ne coutât pas plus cher que celui de l'acide chlorhydrique; dans ce cas l'on traiterait le noir une couple de fois, au bout d'un certain temps, par ce dernier acide, dans le but de faire disparaître le fer. L'acide acétique possède la propriété fort remarquable de se combiner à la chaux absorbée par les cellules du noir, sans attaquer du tout la chaux qui fait partie constituante de ce dernier; et par conséquent, il n'altère pas la structure des grains, comme le fait l'acide chlorhydrique.

Une autre circonstance très-importante milite encore en faveur de l'emploi de l'acide acétique; si après le traitement à l'acide, un lavage insuffisant laisse subsister dans les pores du noir quelques particules d'acétate de chaux, l'influence de ce composé est bien loin d'être aussi nuisible que celle qui résulterait de la présence dans le noir de combinaisons chlorurées provenant du traitement par l'acide chlorhydrique. Par la calcination du noir, l'acétate de chaux se transforme en carbonate de chaux, tandis que les combinaisons du chlore, qui sont très-fusibles, revêtent les parois des cellules du noir d'une sorte de vernis qui en diminue le pouvoir absorbant.

## Analyses.

### *Détermination de l'alcalinité des jus et sirops.*

La reconnaissance de la couleur de tournesol, et du changement qu'elle éprouve par les acides ou les alcalis, quoique parfaitement certaine à la lumière du jour, n'est presque pas possible à la lumière du gaz ou du pétrole. Par suite, on ne pouvait pas jusqu'ici doser avec exactitude, le soir ou la nuit, la quantité d'alcali ou de chaux présente dans un jus ou sirop quelconque. M. d'Henry a proposé de faire ces observations à la lumière colorée en jaune par la soude et ce moyen fait en effet cesser entièrement l'inconvénient désigné, en rendent certaine et claire l'observation du moment précis où le changement de la couleur de tournesol a lieu. A cet effet, on se sert d'une perle de carbonate de soude fondue à un œil de fil de platine, et avec laquelle on produit un éclat jaune dans la flamme bleuâtre et sans lumière d'un bec de Bunsen ou d'une lampe à esprit-de-vin. Le jus ou sirop coloré en bleu par le tournesol paraît noir à la lueur de la flamme jaune, et incolore lorsque l'addition de l'acide normal d'essai l'a fait passer au rouge. Cette transition du noir à l'incolore est très-nette, et ne laisse aucun doute sur l'alcalinité déterminée, même pour les sirops de nuance foncée. Même on préférera titrer ces derniers dans l'obscurité et à la flamme de soude, que de le faire à la lumière du jour, où le changement de la couleur, quand le sirop est fortement coloré, ne laisse pas de présenter une certaine indécision.

### *Détermination du sucre contenu dans le noir.*

M. Sostmann conseille d'employer pour cet objet la méthode suivante. De chaque filtre dégraissé, on prend un échantillon sur lequel on prélève 50 ou 100 grammes que l'on dessèche, on le place dans un vase cylindrique en fer-blanc assez haut, dans lequel on verse de l'eau bouillante légèrement additionnée d'une lessive de soude. Le fond du vase est muni d'un petit robinet par lequel on laisse s'écouler, aussi lentement qu'il est possible, le liquide qui est ensuite évaporé au bain-marie, après qu'on y a ajouté un peu de chaux. On dégraisse une seconde fois le noir avec de l'eau bouillante, et l'on porte tout le liquide recueilli dans le bassin à évaporation.

L'addition de chaux est recommandée, parce que le soude enlève au noir une certaine quantité de matière colorante qui, sans la présence de la chaux, donne une solution de teinte très-foncée qui serait difficile à polariser, après clarification par l'acétate de plomb.

Lorsque l'on ajoute de la chaux en proportion convenable pendant l'évaporation, les matières colorantes sont en partie précipitées.

La liqueur suffisamment concentrée est refroidie, puis clarifiée par l'acétate de plomb, et enfin examinée au polarimètre. Du résultat trouvé, il est facile de déduire par le calcul la teneur en sucre en cent parties de noir.

L'auteur a établi par des expériences directes, que l'on peut de cette manière retirer du noir tout le sucre qu'il contient. Ainsi, après avoir laissé digérer pendant 2 heures un kilogramme de noir calciné avec de l'eau renfermant 1 gramme de sucre, il le dégraissa de la façon décrite ci-dessus, et trouva au polarimètre 0 gr., 98 de sucre.

### Purification du sucre.

*Procédé pour purifier le sucre de certains composés ferreux.*

Deux américains, MM. A. Drummond et Sterry Hunt, à Montréal, ont pris un brevet pour un procédé de purification du sucre consistant dans l'enlèvement du fer par l'emploi combiné du sulfure de barium ou du monosulfure de calcium, et du sulfate de magnésie. On ajoute le lait de chaux à la solution sucrée ou au sirop, jusqu'à ce que le liquide ait une réaction légèrement alcaline. On ajoute ensuite le sulfure de barium ou de calcium à l'état de poudre fine, ou de préférence en solution dans l'eau, et l'on agite vivement le mélange jusqu'à ce qu'il ait atteint une température variant entre 38° et 65° centigrades.

Lorsque le liquide communique une teinte sombre au papier humecté d'acétate de plomb, c'est un signe que l'on a ajouté assez de sulfure de barium ou de calcium ; il faut s'arrêter à ce point.

Le sulfate de magnésie est alors ajouté à la solution, dans la proportion d'une livre et demie par chaque livre de sulfure de barium, ou par chaque demi-livre de sulfure de calcium employée. Puis le sirop est bien remué et chauffé.

L'addition d'une petite quantité de sang ou d'albumine facilite la filtration du liquide, après laquelle celui-ci peut-être soumis au travail ordinaire du raffinage. Dans la plupart des cas, on n'emploie par tonne de sucre que deux à trois livres de sulfure de barium, ou environ la moitié de cette quantité de sulfure de calcium.

Voici la théorie de ce procédé :

Le fer renfermé dans le sirop à l'état d'oxyde soluble, est transformé par le sulfure de barium ou de calcium, en sulfure de fer qui est insoluble.

L'addition subséquente de sulfate de magnésie transforme l'excès de sulfure de barium ou de calcium en un sulfure de magnésium très-peu stable, tandis que la baryte s'il s'en trouve dans le sirop, passe à l'état de sulfate complétement insoluble qui reste sur le filtre avec le sulfure de fer.

# LIVRE QUATRIÈME

## La cuite et les produits.

*Triple effet et appareils à cuire. Vases de sûreté.*

M. Hodek s'est spécialement appliqué à rechercher les causes et l'étendue des pertes en sucre qui résultent de l'entraînement des particules liquides pendant l'évaporation des jus et la cuite des sirops. Il a été conduit à une nouvelle construction des vases de sûreté, dont l'effet a été complet.

Le principe qu'on a suivi jusqu'ici dans la construction des pièces en question, consistait simplement dans un changement à donner à la direction des vapeurs, qu'on faisait traverser des conduits en changeant souvent de direction pour leur faire déposer les gouttelettes entraînées.

M. Hodek a démontré que ce principe était erroné, et que l'effet de ces constructions était tout à fait imparfait. En effet, la vitesse de la vapeur dans les conduits est telle, que les gouttelettes ne peuvent nullement se déposer, mais qu'elles sont entraînées à l'exception d'une faible proportion de particules plus grandes et tout à fait à proximité des diaphragmes. Ce n'est qu'en diminuant dans une proportion très-sensible la vitesse du courant de vapeur qu'on peut utiliser le poids des gouttes pour les faire déposer effectivement. Encore ne suffit-il pas d'un élargissement du conduit à *vingt fois* son étendue, mais il faut que le courant subisse réellement et dans *toutes ses parties* le ralentissement voulu, c'est-à-dire qu'il soit bien *également réparti* dans la capacité rendue plus large. Si l'on introduisait simplement un cylindre d'une coupe transversale vingt fois plus grande que celle du conduit principal, la vapeur le traverserait sans s'y répandre avec la même vitesse, et en sortirait presque sans y avoir pu déposer les parties liquides.

Pour forcer la vapeur à prendre dans tous les points de l'élargissement la vitesse voulue, il suffit d'établir à l'entrée et à la sortie du cylindre élargi un diaphragme perforé de manière à ce que la somme des ouvertures dans chaque diaphragme soit égale à environ 1,1 fois la coupe du cylindre; la vapeur après avoir traversé ces ouvertures également réparties sur les diaphragmes, traversera avec une vitesse uniformément ralentie la longueur du cylindre.

Pour montrer l'importance de cet arrangement, l'auteur a fait de nombreuses déterminations du sucre dans les eaux de condensation des pompes de diverses appareils.

Il a trouvé en moyenne dans l'eau des pompes d'un appareil à vide 0,0207 centièmes, dans la vapeur du jus condensé (voir la remarque p. 341 de notre Traité), d'un double-effet 1,0163 centièmes, et dans l'eau de condensation d'un appareil à vide, pendant la concentration d'un arrière-produit 0,0035 centièmes de sucre pur.

En se basant sur ces moyennes, et les observations journalières multipliées, l'auteur trouve que la perte de sucre a été dans sa fabrique de 37 kilos, pour l'évaporation dans le triple-effet seul, ce qui équivaut à 0,075 % du poids des betteraves.

Les pertes pendant la cuite sont beaucoup plus considérables, puisque par l'effet de l'injection d'eau dans la vapeur, le volume de l'eau de condensation dont la teneur saccharine a été indiquée, est beaucoup plus grand que celui de la vapeur condensée seule. Ce rapport, l'auteur le trouve être de 1 : 17 ½, de sorte que pour trouver la teneur originale des *vapeurs*, il faut multiplier celle de l'eau de condensation par 18,5 ; on trouve donc pour la vapeur une teneur de 0,55 %, et pour une production journalière de 1060 quintaux, la quantité de 290 kilos de sucre par jour, ou de 0,5 % de la quantité de betteraves travaillées.

L'auteur a déterminé en outre la *vitesse des vapeurs* dans les conduits de triple-effet qu'il trouve être, dans un conduit de 0,2 mètres de diamètre de la dernière chaudière de 120 mètres, et dans la première, de 174 mètres par seconde (c'est-à-dire du tiers et de la moitié de la vitesse d'une balle de fusil). Il en résulte, que le changement de la direction des vapeurs et le prolongement de leur chemin seules doivent rester impuissants à opérer la séparation des particules liquides entraînés. M. Hodek construisit donc un vase de sûreté, qui malgré les défauts inséparables du premier établissement, a produit l'effet demandé avec toute la régularité désirable.

Les défauts de ce vase consistent dans ce que le courant n'est pas immédiatement réparti dans l'espace élargi, et dans l'action du courant même qui reste contraire au dépôt à produire. Malgré cela, la quantité de jus recueilli a été dès le premier jour plus grande et plus régulière qu'on n'aurait pu l'attendre; chaque fois qu'on fermait le robinet d'écoulement pendant quelque temps, on pouvait voir que le vase contenait, après une heure, déjà du jus, jusqu'à la hauteur de 3 centimètres, et que la concentration de ce jus était la même que celle du jus dont provenait la vapeur, c'est-à-dire du jus concentré (Dicksaft).

Ces observations faites avec des produits et un travail de bonne qualité, font voir que le liquide entraîné doit être beaucoup plus considérable avec des jus visqueux ou mousseux, et avec un travail d'évaporation peu soigné.

Dès l'application de ce vase de sûreté, on ne put plus découvrir du sucre dans l'eau de condensation, mais on en trouva 0,007 %, aussitôt que le tuyau d'introduction à l'intérieur du vase vint à être endommagé.

Même avec cet appareil incomplet, la valeur du jus recueilli monta à la somme de 25,000 francs environ, pendant la durée d'une campagne.

La figure 17 montre la forme améliorée du vase de sûreté Hodek, que l'auteur croît pouvoir recommander comme parfaitement pratique et sûre. On voit que les vapeurs de la chaudière entrent directement par A, pour sortir par B. Dans la capacité d'un diamètre suffisant, le courant de vapeur est également réparti par les deux diaphragmes a, b et c, e, perforés de manière à ce que les trous ne se trouvent en aucun point superposés verticalement; de cette façon le jus découlant ne peut obstruer les ouvertures. Les diaphragmes sont dépourvus de trous jusqu'à une certaine hauteur au-dessus du fond, pour empêcher les vapeurs de circuler dans l'espace destiné à recueillir le liquide. C'est en ce point que les diaphragmes sont assujettis aux parois par les angles *m, m,* tandis qu'en haut il n'y a que quelques faibles attaches près *o.*

Les deux tuyaux G et *f,* servent à ramener le liquide vers la chaudière. Quand

Fig. 17.

on ferme leurs robinets, on peut dans un tube indicateur de niveau apercevoir le liquide recueilli dans le vase et s'assurer ainsi de son fonctionnement.

### Procédé Marguéritte.

*Purification acide des sirops de sucre cristallisable.* — Voici en quoi consiste le procédé. Le jus de betteraves, déféqué est traité comme à l'ordinaire, rapproché à 27 ou 30° Baumé. Dans cet état, à la sortie du triple-effet, il est recueilli dans un bac où il est mélangé, après refroidissement, avec une quantité parfaitement déterminée d'un acide quelconque, spécialement d'acide sulfurique ou chlorhydrique.

L'acide chlorhydrique, par exemple, est étendu de cinq à six fois son volume d'eau et s'écoule d'une façon continue en un mince filet dans la masse de sirop constamment agitée par des malaxeurs. Aussitôt que la quantité voulue d'acide a été ajoutée et bien mêlée à la masse du sirop, on retourne le mélange dans la troisième caisse du triple-effet et l'on pousse l'évaporation aussi loin que possible, et à une température aussi basse que possible, 50 à 55° sans que, cependant en poussant plus loin, il paraisse ne pas s'invertir beaucoup de sucre.

C'est donc une cuite acide, très-acide même qu'on produit ainsi, car voici les proportions employées.

A 100 kilogr. de matière sèche indiquée par le Balling, et provenant de sirop de premier jet, on ajoute 0 kil. 500 d'acide sulfurique, soit $\frac{1}{2}$ %, ou 372 gr. d'acide chlorhydrique ou 1 lit. 116, ou 1 kil. 235 d'acide chlorhydrique du commerce d'une densité de 1,16, correspondant à 21 ou 22° Baumé.

Si l'on veut calculer d'après le poids des cendres contenues dans la matière sèche, il faudra ajouter 21,6 % du poids de ces cendres en acide chlorhydrique du commerce soit, par exemple, pour un premier jet qui renfermerait 6 % de cendres, 1,295 d'acide chlorhydrique. Par rapport au volume, ces chiffres représentent au minimum environ 700 centimètres cubes d'acide par hectolitre de sirop à 30° Baumé.

Ces chiffres n'ont rien d'immuable, et peuvent être augmentés sans danger d'inversion, car les acides faibles des sels mélassiques sont déplacés par les acides énergiques, et leur action sur le sucre est peu à craindre. Pendant la cuite d'épuration, qui dure plusieurs heures, ces acides s'évaporent et sont entraînés presque en totalité dans les eaux de condensation. Aussi, quand on reprend par l'eau la masse cuite sortant de l'appareil, avant de la filtrer et de la cuire définitivement en grains, la liqueur ainsi obtenue est à peine acide au papier de tournesol, et au sortir du filtre elle a perdu toute trace d'acidité et est plutôt alcaline.

Les avantages du procédé sont les suivants :

1° Amélioration très-sensible dans l'odeur et le goût de la masse cuite et du sucre qui en provient ;

2° Abaissement considérable du coefficient salin des deuxièmes jets, tel qu'il peut procurer une plus-value de 12 à 13 francs par sac ;

3° Augmentation de rendement sur les premiers et les deuxièmes jets, augmentation qu'on peut évaluer à 2 % au moins pour chacun de ces produits ;

4° Évaporation et cuite plus faciles des sirops, ceux-ci étant devenus plus fluides par suite de la modification des matières pectiques extractives, et de la transformation des sels incristallisables déliquescents en chlorures dont les dissolutions les plus concentrées ne sont ni grasses, ni sirupeuses.

L'inventeur fait observer qu'en employant l'acide chlorhydrique, il n'y a pas de danger de former du sel marin, sel éminemment mélassigène, parce que la potasse domine de beaucoup sur la soude et que la quantité en est toujours suffisante pour saturer l'acide chlorhydrique employé.

L'une des causes d'un rendement plus grand, c'est la fluidité des sirops qui s'écoulent facilement à la turbine. Enfin, les mélasses se prêtent mieux au travail d'osmose, car une grande partie des colloïdes ont été transformés en cristalloïdes.

### *Recherches de M. Feltz.*

C'est surtout en rapport avec le procédé décrit dans l'article précédent, que les recherches de M. Feltz, sur l'*action des acides minéraux sur le sucre* en présence des sels organiques contenus dans les jus et sirops de betteraves (Sucrerie indigène VIII, p. 90), présentent un haut intérêt d'actualité. Nous savons, en effet, que les moindres traces d'acide convertissent le sucre, au moins partiellement en glucose sous l'influence de la température.

Mais on doit se demander, et les expériences de l'auteur ont été faites dans le but de répondre à cette question, s'il en est de même lorsqu'on ajoute ces acides, non pas à des solutions de sucre pur, mais à des solutions sucrées naturelles, par exemple, à de la mélasse, et si l'action a lieu à une température moindre que celle de l'ébullition.

On sait par les travaux de MM. Bodenbender et Bérendes que, par exemple, l'action de l'acide sulfureux sur le sucre est notablement diminuée par la présence de certains sels à acide organique. De même, plusieurs expériences en travail de fabrique ont constaté l'innocuité relative d'une faible acidité des jus dans certaines circonstances, comme par exemple, le travail des mélasses, d'après M. Marguéritte, par extraction au moyen d'un mélange d'alcool et d'acide sulfurique.

D'après les recherches récentes bien connues sur la nature des mélasses, on pourrait espérer améliorer notablement les sirops ou mélasses, si l'on arrivait à transformer la totalité ou une partie des sels nuisibles à acide organique en sels minéraux non mélassigènes.

C'est là le problème que paraît avoir résolu M. Marguéritte, dans son procédé breveté, en faisant bouillir les sirops en présence de quantités déterminées d'acides minéraux. L'acide minéral alors déplace les acides organiques plus faibles et se combine avec leurs bases, de sorte que l'acidité du sirop n'est plus due à l'acide inorganique, mais à l'acide organique libéré.

Un tel sirop peut-être cuit, d'après les expériences de l'auteur, *dans le vide,* sans inversion du sucre. La quantité d'acide varie avec la nature du produit traité et est indiquée par le résultat de l'analyse des cendres. D'après les indications fournies par M. Marguéritte, M. Feltz a pu appliquer la *cuite acide* à quelques hectolitres de troisième jet et ces expériences suffisent pour montrer que les traitements des sirops par des *quantités même considérables d'acide* peuvent être pratiqués sans danger d'altération.

A 18 hectolitres de sirop, troisième jet, marquant environ 25° Baumé, on a ajouté 16 litres d'acide chlorhydrique du commerce préalablement dilués dans cinq ou six fois leur volume d'eau.

Une évaluation de l'acide a démontré que par litre de sirop à 20°, on avait ainsi ajouté 2,44 grammes d'acide absolu.

On a cuit les 18 hectolitres dans l'appareil ordinaire de la fabrique. La cuite a duré deux heures, l'indicateur du vide indiquait 18 à 20 pouces, soit des températures de 68 à 75 degrés centigrades.

Un échantillon de la masse cuite a été ramené à 20° Baumé et examiné; on n'a plus trouvé que 0,71 gr. d'acide chlorhydrique absolu dans 6 litres.

Le sucre incristallisable a été dosé à l'aide de la liqueur Barreswil; un litre à 20° contenait 8,5 gr. avant, et 9,9 gr. de glucose après la cuite. On voit que l'inversion dans tous les cas, a été très-petite.

Le tableau suivant contient les données relatives à ces expériences.

| NUMÉROS des expériences | QUANTITÉS D'ACIDE LIBRE CONTENUES par litre de sirop de 20° | | | | QUANTITÉS D'ACIDES libres disparues pendant la cuite pour cent d'acide primitif | QUANTITÉS de glucose par litre de sirop de 20° | | DURÉE de la cuite |
| --- | --- | --- | --- | --- | --- | --- | --- | --- |
| | Avant la cuite | | Après la cuite | | | | | |
| | Millièmes d'équivalent | Grammes d'acide absolu | Millièmes d'équivalent | Grammes d'acide absolu | | Avant la cuite | Après la cuite | |
| 1 | 66,9 | 2,44 | 19,6 | 0,71 | 70,7 | 8,5 | 9,9 | 2ʰ |
| 2 | 68,0 | 2,48 | 22,5 | 0,82 | 67,0 | » | 11,0 | 3 · |
| 3 | 61,2 | 2,23 | 17,9 | 0,65 | 70,8 | · | 10,8 | 2 ³/₄ |
| 4 | 62,3 | 2,27 | 21,9 | 0,80 | 64,8 | » | 9,9 | » |
| 5 | 71,5 | 2,61 | 30,0 | 1,10 | 58,1 | · | 10,6 | 2 ¹/₃ |
| 6 | 64,6 | 2,35 | 14,4 | 0,52 | 77,7 | · | 10,8 | · |

On voit que l'acidité du sirop diminue toujours pendant la cuite. Il se volatilise de 60 à 70 % des acides mis en liberté par l'addition de l'acide chlorhydrique. Une expérience de laboratoire a constaté ce fait, et a démontré que les vapeurs dégagées et condensées pendant la concentration contenaient :

| | | | |
| --- | --- | --- | --- |
| 1° 160 centim. cubes... | 6,46 | millièmes d'acides libres. | |
| 2° 200............ | 9,92 | · | » » |
| 3° 160............ | 8,31 | · | » » |
| Total...... | 24,69 | · | » » |

Ces eaux fortement acides ne contenaient pas de traces appréciables d'acide chlorhydrique; ce sont réellement des acides organiques volatilisés, après avoir été déplacés par l'acide chlorhydrique.

En outre, une partie des acides a disparu par volatilisation ou par la réaction de l'acide chlorhydrique, car en additionnant les acides dans l'eau condensée et dans le sirop, on ne trouve que 63,29 au lieu de 74,8 millièmes qui devraient s'y trouver.

Les expériences de cuite dans le vide n'ont pas pu, pour le présent, être poussés plus loin ; M. Feltz a donc fait les essais suivants pour étudier l'influence des sels organiques lorsqu'on chauffe la mélasse à air libre en présence de l'acide chlorhydrique.

On a opéré chaque fois sur 200 cent. cubes de mélasse troisième jet à 17° Baumé, en ajoutant des quantités de plus en plus grandes d'une solution titrée d'acide chlorhydrique. La mélasse acidulée était maintenue dans un bain d'huile à 60° c. Les résultats sont réunis dans le tableau suivant.

La mélasse qui a servi à ces expériences était une mélasse de troisième jet, d'une campagne précédente, de la composition que voici :

$$
\begin{aligned}
&\text{Sucre} \ldots \ldots \ldots \ldots \ldots \quad 54,97 \\
&\text{Cendres} \ldots \ldots \ldots \ldots \quad 13,16 \\
&\text{Eau} \ldots \ldots \ldots \ldots \ldots \quad 16,00
\end{aligned}
$$

Le titre alcalin des cendres était de 172 millièmes d'équivalent pour 100 gram. de mélasse. En admettant une teneur de 3 %₀ de salpêtre, on trouve comme titre alcalin correspondant aux acides organiques dans 100 grammes de mélasse, 142,3.

Comme la mélasse à 17° contient 400 grammes de mélasse primitive par litre, le titre acide de celle-ci est de 57° par litre ; pour déplacer tous les acides organiques, il faudrait donc ajouter 570 millièmes d'équivalent d'acide chlorhydrique.

| NUMÉROS des expériences | QUANTITÉS D'ACIDE absolu ajoutées par 200 c. c. de mélasse de 17° B. | QUANTITÉS DE GLUCOSE contenues dans un litre de mélasse à 17° B. Bain d'huile à 60° c. | | | | MILLIÈMES D'ÉQUIVALENT d'acides libres par litre à 17° B. |
|---|---|---|---|---|---|---|
| | | Avant le bain d'huile | Après une heure | Après deux heures | Après trois heures | |
| 7 | 0,74 | 4,7 gr. | 5,30 gr. | 6,49 gr. | 6,49 gr. | 102,70 |
| 8 | 1,12 | » | 5,55 | 7,18 | 7,18 | 154,05 |
| 9 | 1,50 | » | 7,08 | 7,90 | 9,80 | 205,40 |
| 10 | 1,87 | » | 8,85 | 11,06 | 14,75 | 256,90 |
| 11 | 2,32 | » | 11,3 | 15,2 | 20,3 | 318,45 |
| 12 | 3,10 | » | 15,1 | 24,5 | 35,4 | 424,60 |
| 13 | 3,87 | » | 35,8 | 57,5 | » | 530,75 |
| 14 | 4,64 | » | 76,5 | 120,0 | 135,0 | 636,90 |

Il résulte de ces nombres, qu'il est impossible de déplacer la *totalité* des acides organiques sans craindre l'inversion partielle du sucre; mais il paraît possible de transformer la moitié du moins des sels organiques en sels minéraux, sans danger sérieux d'inversion si *l'on opère dans le vide.*

Les quantités d'acide chlorhydrique ajoutées à la mélasse dans ces expériences sont très-considérables. En effet, elles ont varié de 21 grammes à 69 grammes d'acide du commerce par litre.

Une expérience comparative avec une solution de sucre *pur* fait ressortir l'influence des sels organiques; le sucre sous l'influence de l'acide fut presque totalement interverti en deux heures. Au lieu de 1,8 gr. produit dans l'expérience 7, on a constaté, sous les circonstances, du reste identiques, l'inversion de 403 gr. de sucre par litre. A 15° c. la solution acidulée contenait déjà 22 gr. de glucose par litre, après trois heures.

On voit donc, que l'acide minéral est complétement modifié par la présence des sels organiques dont les acides n'exercent qu'un faible pouvoir d'inversion à 60°. Dans l'appareil à cuire, la température a pu impunément monter à 75°, sans qu'il y ait eu inversion, parce qu'une quantité considérable des acides a été volatilisée.

Il résulte de ces observations que l'emploi des acides dans la fabrication est beaucoup moins dangereux qu'on n'a cru jusqu'ici, et l'expérience industrielle devra montrer si les espérances que fonde l'inventeur sur le traitement des sirops par les acides sont justifiées.

Pour nous cependant, nous pensons qu'il y aura encore quelques difficultés à maintenir dans la grande pratique, les conditions prouvées indispensables par les expériences ci-dessus, pour empêcher l'inversion du sucre.

### *Résultats pratiques.*

Nous croyons utile, d'enregistrer ici encore les *résultats de plusieurs expériences* publiées par M. Marguéritte, pour faire voir l'*effet* pratique des cuites acides, c'est-à-dire l'amélioration des produits par ce procédé (*J. des fabr. de sucre* XIV, n° 35).

Ces résultats ont été obtenus par M. Kolb-Bernard, dans son usine de Plagny.

CUITES ACIDES. DEUXIÈME JET.
Campagne 1872-73.

1 *Cuites ordinaires de fabrication (non acides).*
*Analyse du sucre obtenu.*

|  |  |  |
|---|---|---|
| Sans aucun clairçage... | Sucre cristallisable. | 88,00 |
|  | Cendres. | 3,87 |
|  | Titre net. | o8,65 |
|  | Valeur (cours de 62 fr. les 88° 7/9). | 33 fr. |

### 2) *Cuite acide.*

*Analyse du sucre obtenu.*

|  |  |  |
|---|---|---|
| Sans aucun clairçage. . . | Sucre cristallisable. . . . . . . . . . . . . . . . . . | 95,85 |
| | Cendres. . . . . . . . . . . . . . . . . . . . . . . . . . . | 2,43 |
| | Titre net. . . . . . . . . . . . . . . . . . . . . . . . . . | 79,70 |
| | Valeur (cours de 62 fr. les 88°). . . . . . . . . . | 49 fr. 55 |

Bénéfice en faveur de la cuite acide, 16 fr. 55 par sac.

### Campagne 1873-74.

### 1) *Cuites ordinaires, non acides.*

*Analyse du sucre obtenu.*

Sucre cristallisable. . . . . . . . . . . . . . . . . . . 93,00
Cendres. . . . . . . . . . . . . . . . . . . . . . . . . . . . 2,30
Titre. . . . . . . . . . . . . . . . . . . . . . . . . . . . . . . 81°48
Valeur (cours de 56 fr., les 88° 10/13). . . . . . . 45 fr. 62

### 2) *Cuite acide.*

*Analyse du sucre obtenu.*

Sucre cristallisable.. . . . . . . . . . . . . . . . . . 96,00
Cendres. . . . . . . . . . . . . . . . . . . . . . . . . . . 1,69
Titre net. . . . . . . . . . . . . . . . . . . . . . . . . . . 87°54
Valeur (cours de 56 fr. les 88° 10/31). . . . . . . 55 fr. 31

Bénéfice en faveur de la cuite acide 9 fr. 69, par sac.

Pour le raffinage des sucres par les cuites acides, les expériences en fabrique ont montré un bénéfice de 18 fr. par sac de sucre mis en œuvre.

En outre, le goût de tous les jets est transformé au point de permettre la consommation immédiate des arrières-produits.

## Nouvelle malaxeuse.

Nous avons, p. 402 de notre traité, décrit la malaxeuse Fesca, généralement usitée pour préparer les masses cuites au turbinage. Cet engin, bien qu'excellent pour les cuites ordinaires et les arrières-produits, n'est pas d'un effet satisfaisant pour les cuites en grains très-serrés des premiers produits, destinés à donner des sucres en cristaux et pour la consommation. Ces cuites à cause de leur nature compacte, demandent une préparation plus soignée que ne fournit l'ancienne machine; en même temps les cristaux ne doivent point, par un travail trop prolongé, être écrasés ou endommagés.

La nouvelle malaxeuse Fesca, avec concasseuse, représentée dans les figures 18 et ss., fait ce travail de la façon la plus satisfaisante; elle est très-répandue en

Russie et dans les fabriques qui font des produits de la qualité que nous venons de caractériser.

Cette malaxeuse est construite entièrement en fer, tandis que le bâti de l'ancienne était en bois. Là capacité principale *a b c*, n'est pas changée, mais les lames *d d* de l'appareil malaxeur sont plus serrées et plus étroites; elles sont construites

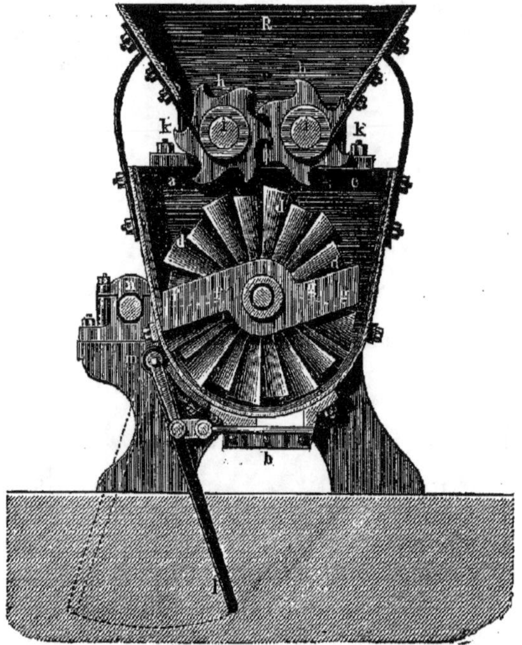

Fig. 18.

en fer forgé. A chaque rotation de l'axe *e*, ces lames passent deux fois par les intervalles entre les contre-couteaux *f f* et *g g*. De cette façon la matière est très-également malaxée, sans que les cristaux soient endommagés, puisqu'il n'y a aucun contact direct des parties en mouvement.

Les lames étroites *d d* ne pourraient pas, sans danger de se déformer, écraser les morceaux gros et compactes des masses cuites serrées; voilà pourquoi on a ajouté la concasseuse *h h*, qui prépare la matière à l'action de la malaxeuse. On voit que cette partie de la machine se compose de deux axes *i i*, auxquels des pignons communiquent un mouvement contraire et, qui sont munies de couteaux *h h* en forme de roues édentées. En outre, il y a dans les intervalles de ces roues les couteaux *k k* en acier qui glissent sur l'axe, et qui par suite nettoient incessamment les intervalles. Il en résulte que la masse introduite par R et prise entre les couteaux *h h*, ne peut rester plus longtemps dans les intervalles que pendant un demi-tour de l'axe, et qu'elle tombe concassée dans la capacité *a b c*.

Cet arrangement de la concasseuse, et des lames fixes de la malaxeuse produisent un travail rapide et uniforme même des cuites les plus serrées.

*b* est le glissoir manœuvré par le levier *l* attaché à l'axe *m m*. On donne au levier telle direction qui convient le mieux à la disposition du local.

### Le turbinage.

Voici le résultat d'une série d'expériences comparatives sur le turbinage, fournissant des données fort intéressantes sur toutes les circonstances observées, et les effets produits.

Le travail fut exécuté avec *100 quintaux* (de 50 kil.) de différentes masses cuites.

| | II° JET | III° JET | IV° JET | V° JET |
|---|---|---|---|---|
| Sirop prélevé à la surface, avant le turbinage. | 20,0 | 35,0 | 50,0 | 60,0 |
| Matière à turbiner. | 80 | 65,0 | 50,0 | 40,0 |
| | 100,0 | 100,0 | 100,0 | 100,0 |
| *Le turbinage fournit :* | | | | |
| Sucre brut. | 30,0 | 20,0 | 12,0 | 7,0 |
| Sirop. | 50,0 | 45,0 | 38,0 | 33,0 |
| | 80,0 | 65,0 | 50,0 | 40,0 |
| Eau employée dans la malaxeuse, à la purge et au lavage des turbines. | 9,23 | 11,0 | 19,0 | 23,44 |
| *Quantité de sirop pour la cuite suivante :* | | | | (Mélasse). |
| (Par exemple, pour II° jet 20 + 50 + 9,23, et ainsi de suite). | 79,23 | 91,0 | 107,0 | 116,44 |
| Nombre de charges de turbine. | 45,4 | 36,8 | 26,0 | 16,0 |
| Poids d'une charge, kilogrammes. | 87,9 | 88,0 | 96,0 | 125,0 |
| Sucre brut obtenu par charge; kilogrammes | 33,0 | 27,0 | 23,0 | 22,0 |
| Durée du turbinage, minutes. | 13 | 16 | 14 | 15,16' |
| Durée du turbinage pour 100 quintaux de masse cuite | 9ʰ,50' | 8ʰ,35' | 6ʰ,30' | 4ʰ,16 |
| *Travail par heure et par turbine :* | | | | |
| 1) Nombre de charges. | 4,61 | 4,28 | 4,0 | 3,75 |
| 2) Masse turbinée, kilog. | 269,5 | 377,0 | 384,6 | 468,5 |
| 3) Sucre produit, kil. | 152,0 | 116,0 | 92,0 | 82,0 |

### Traitement des bas-produits.

Pour opérer une épuration des sucres bas-produits, ayant pour effet de leur donner sur les marchés une plus-value considérable, le traitement suivant pen-

dant le turbinage a été proposé et recommandé par M. Margueritte (1), pour diminuer dans une forte proportion les sels enfermés dans les bas-produits.

L'opération proposée par l'auteur, consiste dans un simple clairçage des 2ᵉ jets
qu'on obtient peu de temps après le début de la fabrication, et des 3ᵉ jets récoltés
dans les derniers mois de l'année précédente, au moyen du *sirop premier jet*
que fournit chaque jour la fabrication courante.

Il suffit, en effet, de concentrer une partie seulement de sirop 1ᵉʳ jet, c'est-
à-dire la proportion qui sera nécessaire pour opérer le clairçage aussi complet que
possible des sucres à purifier, de l'amener dans le triple effet au degré de saturation, soit environ 35° Baumé, d'en faire le mélange avec le 2ᵉ ou 3ᵉ jet, et enfin
de turbiner avec jet de vapeur.

Le sirop d'égout va rejoindre le jus normal plus étendu dont il relève le degré.
Le tout passe ensuite sur le noir pour être cuit à la manière ordinaire.

On voit que la marche normale de la fabrique n'est pas entravée, et l'on comprend que les seuls frais afférents à l'opération sont ceux du second turbinage
que doit subir le sucre, mais ils sont insignifiants, si on les met en regard de
l'importance du résultat obtenu.

On peut faire à ce procédé l'objection importante qu'une partie des impuretés
des 2ᵉ et 3ᵉ jets est ramenée ainsi dans le premier jet, et l'auteur tâche de démontrer par un calcul que cet effet n'a pas l'étendue qu'on pourrait lui supposer,
tandis que les avantages du procédés sont très-considérables.

Nous croyons cependant, contrairement à l'opinion de l'auteur, que cet effet
deviendra de plus en plus sensible avec la répétition courante de cette manipulation, et que quelques autres procédés feraient atteindre le but proposé par un
chemin moins désavantageux pour la pureté des *premiers* produits. Tels sont
le clairçage avec le propre sirop non filtré, mais chauffé à 70-80°, l'application
de la vapeur à la circonférence extérieure du tambour de la turbine entre celui-ci
et le manteau (clairçage Russe), le procédé Schrœder-Weinrich dans l'une ou
l'autre modification, etc.

*Cristallisation des bas-produits.*

Un système de chauffage pour les bacs à bas-produits, a été breveté pour
M. Nowak, qui parait être d'une efficacité très-satisfaisante. L'effet de ce système consiste à régler dans les différentes couches de la masse la température à
tel degré, qu'on trouve être le meilleur pour produire la cristallisation, et à faire
cesser l'introduction du calorique au fur et à mesure que la formation des cristaux
atteint son maximum.

Des dosages comparatifs ont fourni, par exemple, avec ce système 13,8 kilos de
sucre brut par 100 kilos de masse cuite, tandis que la cristallisation en bacs ordinaires sans ce chauffage ne donnaient, pour la même matière que 5 à 6 %.

_______________

(1) *Journal des fabr. de sucre* XIV, nᵒ 26.

M. Kohlrausch ayant soumis le système à une épreuve comparative, donne les nombres suivants comme résultat :

240 quintaux de masse cuite de dernier produit, qui, avant la cuite avaient donné 55 % au polarimètre furent emplis en un bac, muni du système de chauffage, où on les laissa pendant six semaines avec chauffage, et pendant trois semaines sans chauffage. On obtint 24,3 quintaux ou 10,12 % de sucre brut, tandis que la même masse, sans ce chauffage ne donna que 5 à 6 % de produit.

Il est clair, que l'avantage devient encore plus considérable, quand on soumet à ce traitement les produits meilleurs, tels que les deuxièmes et troisièmes.

On peut adapter le système à toutes les espèces de cristallisoires, et les frais de chauffage ne sont que peu considérables, en tant qu'on peut se servir de la vapeur de retour. De même les frais d'établissements ne seraient pas d'importance.

Nous regrettons de n'être pas à même de fournir les détails nécessaires sur cette installation.

### Analyses de sucres bruts.

M. Lotmann a publié les analyses de *sucres bruts*, tant indigènes que coloniaux. Il a donné en même temps le rendement d'après les coefficients 5 pour les cendres, et 1 pour le glucose, et le rendement obtenu d'après la méthode Scheibler.

Voir, p. 84 et 85, le tableau contenant les nombres respectifs :

Voici les données correspondantes pour les *sucres indigènes*, fournies par M. Scheibler, et concernant les 16 sucres-types allemands établis par M. Licht, et servant de traces aux désignations générales du marché, p. 86.

Voici les données correspondantes pour différents *arrières-produits* (3e jet), pour les derniers produits de la raffinerie et pour quelques sucres coloniaux, analyses de M. Bodenbender, p. 87.

### Cendres des sucres.

M. Violette ayant soumis à une analyse détaillée et exacte un échantillon *moyen* de sucre *troisième jet*, provenant de douze fabriques des environs de Douai, et ayant déterminé spécialement les substances constituant les cendres, fournit les nombres suivants pour la composition de ce sucre, et en général pour celle normale des troisième jets de provenance semblable :

| | | |
|---|---|---|
| | Sucre. | 89,000 |
| | Sucre interverti. | 0,150 |
| | Humidité | 3,830 |
| Partie soluble. | Acides organiques, environ 1,500 } Matières organiques, eau de combinaison. 2,935 } | 4,435 |
| | Sulfate de potasse. | 0,763 |
| | Chlorure de potassium. | 0,546 |
| | Nitrate de potasse. | 0,180 |
| | Potasse, combinée aux matières organiques | 0,479 |
| | Soude, combinée aux matières organiques | 0,430 |

| SUCRES ANALYSÉS | 100 PARTIES DE SUCRE CONTIENNENT | | | | | RENDEMENT au coefficient, 5 pour cendres et 1 pour glucose | RENDEMENT THÉORIQUE d'après la méthode Scheibler | REMARQUES |
|---|---|---|---|---|---|---|---|---|
| | SUCRE cristallisable | GLUCOSE | CENDRES | EAU | SUBSTANCES organiques et substances insolubles | | | |
| Java n° 15 | 98,2 | 0,47 | 0,234 | 0,2 | 0,896 | 96,56 | 95,90 | |
| » 15 | 94,6 | 1,97 | 0,32 | 1,95 | 1,46 | 91,03 | 91,25 | |
| » 15 | 93,0 | 2,56 | 0,22 | 2,9 | 1,32 | 89,34 | 88,67 | Visqueux. |
| » 14 | 97,0 | 1,28 | 0,31 | 0,7 | 0,71 | 94,17 | 94,32 | |
| » 12 | 93,5 | 3,0 | 0,24 | 1,8 | 1,46 | 89,3 | 88,52 | Très-visqueux. |
| » 11 | 95,2 | 1,5 | 0,67 | 1,25 | 1,38 | 90,35 | 91,75 | |
| » 11 | 95,2 | 1,3 | 0,9 | 1,4 | 1,5 | 89,4 | 92,94 | Beaucoup de sable. |
| » 8 | 93,5 | 3,0 | 0,77 | 1,7 | 1,03 | 86,65 | 88,60 | |
| » 6 | 89,5 | 4,38 | 0,936 | 2,9 | 2,284 | 80,42 | 82,18 | |
| Surinam | 86,5 | 1,44 | 1,44 | 5,6 | 2,41 | 75,25 | 81,26 | 1 Centième de sable. |
| » | 87,0 | 1,19 | 1,19 | 5,7 | 2,6 | 77,54 | 77,54 | |
| » | 89,6 | 1,07 | 1,07 | 4,32 | 1,6 = | 79,64 | 79,64 | |

| | | | | | | | | |
|---|---|---|---|---|---|---|---|---|
| Bahia. | 86,0 | 2,42 | 2,42 | 4,21 | 5,02 | 71,55 | 81,70 | |
| Cuba. | 85,7 | 1,35 | 1,35 | 5,0 | 4,08 | 75,08 | 75,53 | |
| Madras. | 82,0 | 2,65 | 2,65 | 6,1 | 3,15 | 62,65 | 76,15 | |
| Surinam. | 90,5 | 0,9 | 0,9 | 3,58 | 2,04 | 83,02 | 84,12 | |
| Porto-Rico. | 89,0 | 0,48 | 0,48 | 3,61 | 3,51 | 83,2 | 82,91 | |
| Manilla. | 87,0 | 1,82 | 1,82 | 4,0 | 2,08 | 72,8 | 78,10 | Tous ces produits con- |
| » | 83,0 | 2,13 | 2,13 | 5,91 | 3,7 | 67,9 | 72,17 | tiennent beaucoup de |
| » | 85,6 | 1,72 | 1,72 | 4,53 | 3,74 | 72,59 | 81,03 | sable. |
| SUCRES INDIGÈNES | | | | | | | | |
| 1er Produit. | 98,0 | » | 0,54 | 1,15 | 0,31 | 95,3 | 95,25 | Diffusion. |
| 1er » | 96,0 | » | 1,08 | 1,98 | 0,94 | 90,6 | 91,15 | Presses. |
| 1er » | 96,5 | » | 1,17 | 1,5 | 0,83 | 90,65 | 91,12 | » |
| 2e » | 94,5 | » | 1,57 | 2,0 | 1,93 | 86,65 | 88,90 | |
| 2e » | 93,5 | » | 1,72 | 2,28 | 2,5 | 84,9 | 89,60 | Autriche. |
| 2e » | 93,7 | » | 1,67 | 3,0 | 1,63 | 85,35 | 87,53 | » |
| 2e » | 95,5 | » | 1,44 | 1,28 | 1,78 | 88,3 | 89,54 | France. |
| 2e » | 95,0 | » | 1,68 | 1,57 | 1,75 | 86,6 | 89,87 | » |
| 3e » | 87,0 | » | 4,04 | 4,98 | 3,98 | 66,8 | 75,12 | Nuance très-claire. |

| DÉSIGNATION DES SUCRES | | 100 PARTIES DE SUCRE CONTIENNENT | | | | RENDEMENT PRATIQUE au coefficient 5 pour cendres | RENDEMENT théorique, d'après la méthode Scheibler |
|---|---|---|---|---|---|---|---|
| | | SUCRE cristallisable | CENDRES | SUBSTANCES organiques étrangères | EAU | | |
| Sucre. Type n° 1 | | 99,75 | 0,12 | 0,13 | » | » | » |
| » 2 | Sucres en cristaux de plus | 99,60 | 0,19 | 0,21 | » | » | » |
| » 3 | de 98 % de sucre absolu. . . | 98,70 | 0,23 | 0,84 | 0,23 | 97,45 | 98,16 |
| » 4 | | 98,30 | 0,37 | 0,83 | 0,50 | 96,85 | 96,58 |
| » 5 | | 97,70 | 0,58 | 1,01 | 0,71 | 94,80 | 95,71 |
| » 6 | Sucres 1er produits turbinés, | 97,20 | 0,73 | 0,95 | 1,12 | 93,55 | 93,89 |
| » 7 | de 95 à 98 % de sucre absolu. | 96,30 | 1,00 | 1,31 | 1,39 | 91,30 | 92,70 |
| » 8 | | 96,80 | 0,76 | 1,25 | 1,19 | 93,00 | 93,39 |
| » 9 | | 95,50 | 1,24 | 1,52 | 1,74 | 89,30 | 90,82 |
| » 10 | | 94,70 | 1,43 | 1,94 | 1,93 | 87,55 | 89,64 |
| » 11 | Sucres 1er produits non tur- | 93,80 | 1,76 | 2,01 | 2,43 | 85,00 | 88,33 |
| » 12 | binés, de 90 à 96 % de sucre | 92,60 | 1,88 | 2,82 | 2,70 | 83,20 | 86,38 |
| » 13 | absolu . . . | 91,40 | 2,62 | 2,86 | 3,42 | 78,00 | 82,46 |
| » 14 | | 90,60 | 2,69 | 3,14 | 3,57 | 77,15 | 82,27 |
| » 15 | Bas-produits, 88 à 93 % de | 93,30 | 2,12 | 2,02 | 2,56 | 82,70 | 85,77 |
| » 16 | sucre absolu. | 90,70 | 3,17 | 3,86 | 3,27 | 74,85 | 81,31 |

| DÉSIGNATION DES SUCRES. | SUCRE incristallisable | 100 PARTIES DE SUCRE CONTIENNENT | | | | RENDEMENT (pratique) au coefficient 8 | RENDEMENT théorique d'après la méthode Scheibler |
| | | SUCRE cristallisable | CENDRES | SUBSTANCES organiques étrangères | EAU | | |
| --- | --- | --- | --- | --- | --- | --- | --- |
| Sucre 3e produit . . . . . . . . . . | » | 88,20 | 4,08 | 4,32 | 3,40 | 67,82 | 77,76 |
| » . . . . . . . . . . | » | 90,80 | 2,76 | 3,27 | 3,17 | 76,99 | 84,84 |
| » . . . . . . . . . . | » | 93,30 | 2,80 | 2,47 | 1,43 | 79,30 | 88,55 |
| » . . . . . . . . . . | » | 92,10 | 2,76 | 2,24 | 2,90 | 78,30 | 86,40 |
| Bas-produit de la raffinerie. . . . . . . | » | 91,80 | 2,72 | 2,45 | 3,03 | 78,20 | 83,10 |
| » . . . . . . . . . . | » | 91,40 | 2,78 | 2,36 | 3,46 | 77,50 | 81,84 |
| » . . . . . . . . . . | 0,54 | 94,40 | 2,24 | 0,86 | 1,96 | 83,22 | 89,07 |
| » . . . . . . . . . . | 1,53 | 90,58 | 2,73 | 1,93 | 3,23 | 76,91 | 80,10 |
| » . . . . . . . . . . | 1,84 | 85,59 | 4,15 | 4,55 | 3,87 | 64,83 | 75,41 |
| » . . . . . . . . . . | 2,31 | 86,89 | 4,19 | 2,29 | 4,32 | 65,93 | 86,23 |
| » . . . . . . . . . . | 2,26 | 89,26 | 3,55 | 2,43 | 2,50 | 71,49 | 78,05 |
| » . . . . . . . . . . | 1,73 | 84,46 | 4,06 | 4,59 | 5,16 | 64,15 | 65,34 |
| Sucre colonial : Cuba . . . . . . . . | Cette proportion de 4,5 à 8% est comprise entre les matières org. étrangères. | 92,35 | 0,59 | 5,00 | 2,06 | 89,40 | 86,85 |
| »     Havana . . . . . . . . | | 90,47 | 0,96 | 5,57 | 3,00 | 85,67 | 85,95 |
| »     Barbados . . . . . . . | | 81,85 | 1,27 | 12,04 | 4,84 | 75,50 | 70,90 |
| »     Barbados . . . . . . . | | 93,32 | 0,66 | 4,20 | 1,82 | 90,02 | 90,29 |
| »     Demerara . . . . . . . | | 93,35 | 0,43 | 4,87 | 1,35 | 91,20 | 90,51 |

<table>
<tr><td rowspan="5" style="writing-mode: vertical-lr;">Partie insoluble</td><td>Alumine et oxyde de fer.............</td><td>0,018</td></tr>
<tr><td>Acide phosphorique ................</td><td>0,004</td></tr>
<tr><td>Chaux combinée aux acides ou au sucre......</td><td>0,092</td></tr>
<tr><td>Sable et argile...................</td><td>0,063</td></tr>
<tr><td>Traces de cendres, perte .............</td><td>0,010</td></tr>
</table>

100,000

Un sucre troisième jet exceptionnel provenant d'une sucrerie d'Auvergne, se distingue de la composition normale par une proportion considérable de chlorure de potassium. Ce sel ne s'y trouve point à l'état de liberté, comme le montre l'examen microscopique, ni à l'état liquide, mais bien en combinaison avec le sucre sous forme de sucrate de chlorure de potassium, isomorphe avec le sucre.

Voici la composition de ce sucre anormal :

| | |
|---|---|
| Sucre........................ | 54,10 |
| Sucrate de chlorure de potassium. ........... | 36,22 |
| Sucre interverti. ................... | 0,10 |
| Humidité. ....................... | 3,50 |
| Acides organiques, environ 1,20 ⎫<br>Matières organiques, eau de ⎬ ........... <br>combinaison. ....... 2,67 ⎭ | 3,87 |
| Sulfate de potasse. ................ | 1,06 |
| Nitrate de potasse.................. | 0,30 |
| Potasse, combinée aux matières organiques..... | 0,79 |
| Soude. ..,..................... | 0,04 |
| Matières insolubles. ................ | 0,05 |

100,00

Ces analyses peuvent servir à contrôler la méthode de détermination des cendres avec addition d'acide sulfurique, généralement suivie dans les analyses des sucres.

L'incinération du premier sucre a fourni 3,78 % de *cendres sulfatées*, dont les 9/10 représenteraient les cendres réelles, soit 3,41 %. L'incinération directe ne fournit que 3,11 % soit 0,30 en moins, ce qui correspond au calcul fait pour trouver l'influence de l'acide sulfurique.

La différence pour le sucre anormal est de même de 0,31 %; la grande proportion de chlorure fait que cette différence n'est pas si grande qu'on aurait pu le croire.

On peut donc conclure, d'après l'auteur, qu'en général l'incinération des sucres avec addition d'acide sulfurique, généralement adoptée, donne un poids de cendres supérieur au poids des cendres réel des sucres bruts. La différence sera d'autant plus grande, que ces cendres sont plus riches en sel de soude et en carbonates alcalins.

Les *cendres* des sucres bruts de troisième jets du Nord, représentent très-sensiblement les trois quarts des *sels* proprement dits existant dans ces sucres (sans les acides organiques).

## *L'osmose.*

Nous enregistrons ici deux passages d'une publication récente de M. Dubrunfaut (1), qui sont particulièrement propres à éclaircir les idées et à fixer les opinions sur le véritable caractère de l'osmose, surtout en ce qui regarde son application aux mélasses ou sur les arrières-produits qui en contiennent une grande fraction.

Les expressions de M. Dubrunfaut, auteur du procédé en question, sont tellement claires, qu'elles nous dispensent de tout commentaire et qu'il paraît superflu de relever encore les opinions que nous avons émises à ce sujet.

L'auteur dit, p. 167.

« Devons-nous rappeler encore, à cette occasion, que si l'on plaçait les mélasses dans les conditions de dialyse spécifiées par Graham, on n'opérerait aucune analyse quelconque, tandis qu'en suivant nos méthodes, publiées huit à neuf ans lavant la dialyse, on peut, *ad libitum, recueillir le sucre cristallisable ou dans le sirop d'endosmose, ou dans les eaux d'exosmose,* ce qui constitue une particularité fort importante et fort originale de nos modes d'opérer, que Graham avait d'ailleurs, par ses affirmations écrites frappés d'anathème. »

Et, page 247 :

« On le reconnaît ici, l'industrie ne voit l'osmose que dans son application aux mélasses, et cela évidemment pour obtenir un supplément de rendement; tandis que la fonction de l'osmose si évidente dans le travail de M. Hette a bien plus d'importance pour l'amélioration de la *qualité* des sucres que pour le *rendement,* et ce résultat ne peut être obtenu que par *une application faite aux premiers jets et non aux mélasses.* »

### *Perfectionnement aux osmogènes.*

Ce perfectionnement fait obtenir un rendement plus considérable et plus prompt, et paraît être d'une importance réelle pour l'amélioration du travail des osmogènes, par suite de l'amoindrissement de la couche liquide présentée à l'action de l'osmose, qui doit nécessairement avoir pour effet une action plus énergique et plus rapide.

Il s'agit de placer dans les cadres à sirop ou mélasse, des panneaux qui maintiennent à une couche aussi mince que l'on veut, l'épaisseur du liquide à soumettre à l'osmose. De cette façon, l'action s'exerce sur la totalité du sirop dans un passage rapide ; l'élimination des sels en devra être plus complète et plus prompte.

Le perfectionnement permet de donner aux cadres telle épaisseur que l'on veut pour augmenter le diamètre des tuyaux logés dans les cadres, et obtenir ainsi un écoulement des sirops facile, régulier et aussi grand que l'on désire.

Pour les appareils Dubrunfaut, actuellement en fonctions, on peut, au moment du changement du papier, introduire dans les cadres ces panneaux brevetés. (*Journal des fabr. de sucre* XIV, n° 32).

(1) L'osmose et ses applications industrielles, par M. Dubrunfaut. Paris, 1873.

# LIVRE CINQUIÈME

## Extraction du sucre de cannes.

### *Moulin à cannes.*

Les figures 19 et 20, pl. I, représentent un moulin à cannes de construction récente, avec son moteur, d'après les dessins de MM. Manlove, Alliot et C^ie, à Rouen.

Ce moulin est de moyenne grandeur, correspondant à une fabrication de huit à neuf tonnes de sucre brut par jour. Les cylindres écraseurs A ont 1,5 mètre de long, sur 0,66 mètres de diamètre. Les cannes sont amenées à la pression au moyen du transporteur B, qui les dépose sur la table C, d'où elles passent entre les cylindres. La marche du transporteur est un peu plus lente que celles des cylindres A, A, A, pour empêcher tout encombrement. La roue D est arrangée de façon à ce que, en la tournant, on arrête entièrement la marche du transporteur. Celui-ci a une longueur d'au moins 20 mètres, pour pouvoir desservir une provision suffisante de cannes coupées. De cette façon les cannes ne sont pas transportées à la main à une grande distance, et peuvent être régulièrement entassées avant d'arriver aux cylindres et y parviennent toujours en quantités assez uniformes.

Les cannes exprimées en sortant d'entre les cylindres, tombent sur la table E et de là sur le transporteur à bagasse F, qui les emporte au-dehors de l'établissement. La marche du transporteur à bagasse est un peu accélérée pour tenir toujours libres les cylindres presseurs.

Les trois cylindres A, A, sont assemblés avec les fortes roues dentées GG, de façon que le mouvement que reçoit le cylindre supérieur est bien transmis aux deux autres.

Le jus découlant des cylindres est rassemblé en H et dirigé dans la rigole en I, et dans le réservoir J. Dans celui-ci se trouve une pompe, gouvernée par le moteur commun et qui envoie le jus aux défécateurs.

Pour empêcher la détérioration du jus, on applique une température supérieure à toutes les parties, avec lesquelles il peut venir en contact.

Le réservoir à jus J n'est pas d'une grande capacité; il faut donc que la pompe puisse enlever le jus aussi rapidement qu'il arrive; d'un autre côté le courant de jus est loin d'être toujours de même intensité, ce qui causerait souvent l'entrée d'air dans la pompe. Or, le contact intense de l'air avec le jus nuirait à sa couleur et sa pureté. Voilà pourquoi on donne ordinairement une course variable à la pompe, pour pouvoir la régler aussi précisément que possible depuis l'arrivée du jus. Cependant on n'arrive pas, de cette façon à exclure efficacement le mélange de l'air au jus.

Les constructeurs ont remédié récemment à cet inconvénient, en introduisant une pompe à vapeur améliorée, dont la vitesse est réglée par la hauteur même du liquide dans le réservoir; l'ouverture du tuyau aspirateur ne se trouvant jamais à découvert, l'air ne saurait pas, avec cet arrangement s'introduire dans le jus.

Les cylindres sont mis en mouvement par la machine à vapeur de haute pression K, dont le cylindre a 0,2 mètres de diamètre, et une course de 1 mètre, et dont le volant L est suffisant pour vaincre toute résistance momentanée du moulin. La vapeur de retour de la machine est employée au chauffage des défécateurs.

La forme développée par la machine est transmise au moulin par un puissant engrenage double M M, établi sur la forte plaque de fondement N.

Cependant, il est nécessaire que le cylindre supérieure du moulin puisse jouir d'une certaine liberté de mouvement; ce qui est obtenu au moyen du double accouplement o, joint d'une part au cylindre, et d'autre à l'arbre de transmission.

Les moulins à cinq cylindres ont été abandonnés, parce que l'établissement coûtait trop cher et était trop compliqué, ce qui ne se trouvait pas pleinement contre-balancé par l'augmentation du rendement.

### Concréteur.

Nous avons parlé, page 103 du premier supplément, du *concréteur* Fryer, appareil qui a pour effet de convertir le *vesou* en très-peu de temps en une matière concrète contenant le sucre et la mélasse, en évaporant le jus dans le plus court espace de temps possible et d'une façon continue.

Nous avons donné de cet appareil une description détaillée, que nous complétons ici par le dessin fig. 21, pl. I, qui représente la coupe verticale du concréteur, qu'on comprendra facilement, d'après la description à laquelle nous n'avons que peu d'explications à ajouter.

A, A, est le plateau avec ses compartiments, où le vesou commence à couler; B est le foyer, dont les gaz passent au-dessous de A, et pour se diriger vers la seconde partie de l'appareil, et chauffer le cylindre C, et enfin dans la cheminée. Le cylindre C, sert à échauffer l'air destiné à produire l'évaporation dans le cylindre rotatif E.

D est un réservoir à vesou, entre la partie inférieure de A et le liquide E. La concentration du vesou sur son parcours de A, jusqu'à D, est de 10 à 30° B.

Le cylindre rotatif E est arrangé de façon à diviser le vesou sur une surface très-mince, et l'exposer au courant d'air chaud produit en E, et aspiré par le ventilateur G.

H, Machine motrice pour le mouvement du cylindre et du ventilateur.

Voici aussi, fig. 22, pl. I, le dessin de *la chaudière Wetzel*, dont nous avons fait mention à la page 103 du premier supplément.

On voit que la chaudière proprement dite, est munie d'un double fond pour le passage de la vapeur et contient un cylindre creux, formé par deux calottes doubles, mises en communication entre-elles par un système de tuyaux droits ou recourbés en formes d'hélices. La vapeur passe par ce système, qui en même temps est mis en mouvement et qui en s'enfonçant dans le jus, et en s'élevant au-dessus lui fait éprouver l'évaporation sur une surface très-étendue et toujours en mouvement.

Ces appareils d'évaporatoires sont fabriqués de la façon désignée par MM. Manlove, Alliot et C^{ie}, à Nottingham.

### *Plan d'une fabrique de sucre colonial.*

Le journal *Sugar-Cane*, publie dans son numéro du décembre 1873, le plan fig. 23 et la coupe verticale, fig. 24, pl. II, d'une *fabrique de sucre colonial*, représentant un arrangement adopté par la maison Manlove, Alliot et C^{ie}, à Nottingham et à Rouen.

Voici la légende de ce plan :

A A' Générateurs à vapeur.

B Moulin à cannes.

*b b'* Transporteurs à cannes et à bagasse.

C Moteur à vapeur.

D Bac pour le jus provenant du moulin, d'où le jus est envoyé en *c*

E E Chaudières à défécation ou à clarification établies sur la galerie *ee.*

F Filtre-presse, par laquelle on peut faire passer le jus sur ce trajet.

G, S, Appareils à vide.

*g*, Machine motrice pour le service de ces appareils.

H, I, H I, Cristallisoires.

K Réservoirs intermédiaires, destinés à recevoir le jus provenant de la défécation.

L L, Concréteurs.

*l, l,* Foyers extérieurs des concréteurs.

M, Filtres à noir, au nombre de dix.

N N. Turbines.

O Moteur des turbines.

La marche ordinaire du jus est la suivante :

Moulin, clairification, filtres à noir, concréteur; s'il est possible seconde filtration, appareils à cuire, cristallisoires, turbines.

# TABLE DES MATIÈRES

## LIVRE PREMIER

### Le sucre et la betterave.

*Propriétés du sucre.*



*La betterave.*



## LIVRE DEUXIÈME

### L'extraction du jus.

## LIVRE TROISIÈME

### La purification du jus.

*Défécation et saturation, écumes.*



*Épuration des jus et sirops.*



*Le noir animal.*



*Analyses.*



*Purification du sucre.*



## LIVRE QUATRIÈME

### La cuite et les produits.

## LIVRE CINQUIÈME

### Extraction du sucre de cannes.



FIN DE LA TABLE DES MATIÈRES.

Paris. — Imprimerie et librairie de E. LACROIX, rue des Saints-Pères, 54.

Paris. — Imprimerie [illegible]

[illegible]
[illegible]
[illegible]
[illegible]

[illegible]

[illegible]
[illegible]
[illegible]
[illegible]

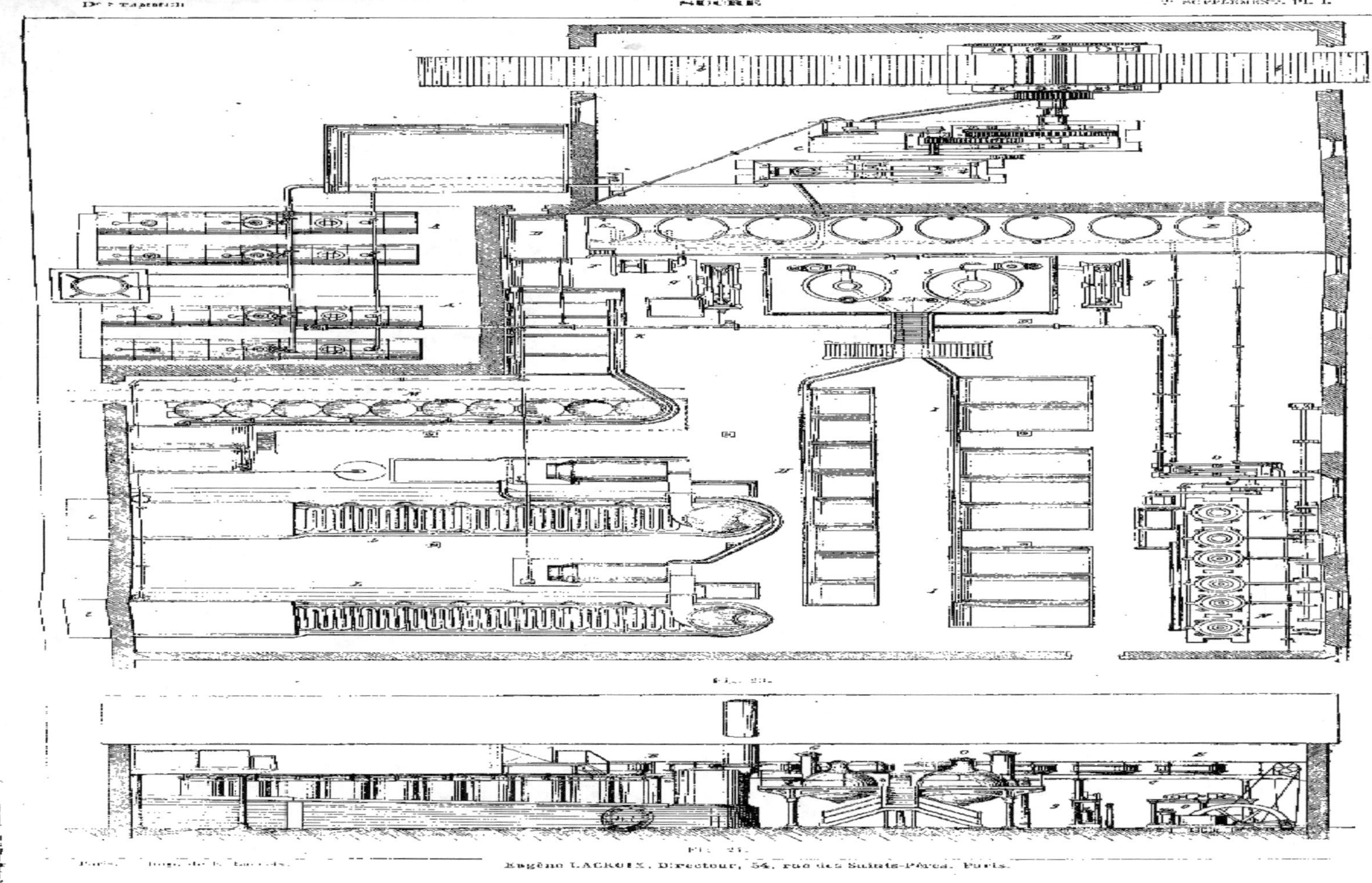

Eugène LACROIX, Directeur, 54, rue des Saints-Pères, Paris.

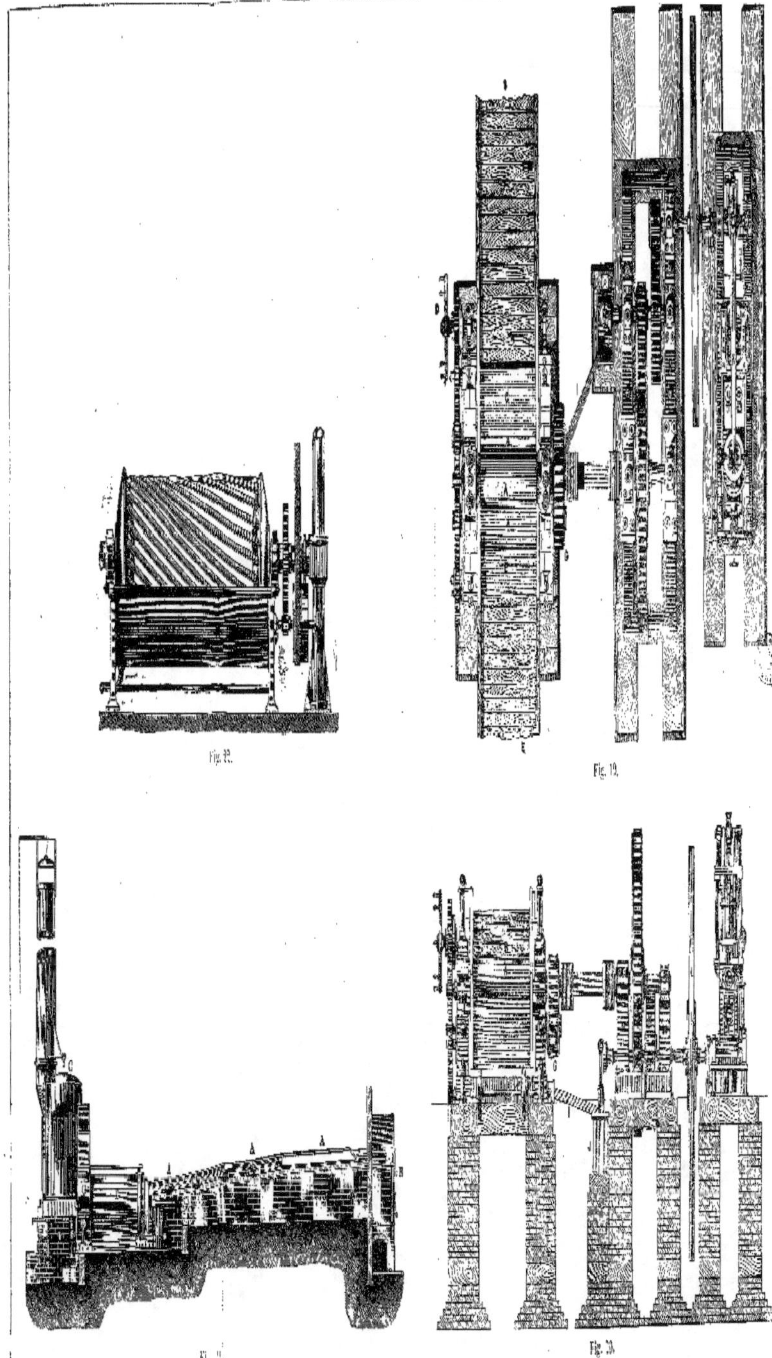

Fig. 22.

Fig. 19.

Fig. 21.

Fig. 20.

# TRAITÉ D'ALCOOLISATION

## Par Ch. Stammer

---

## TABLE DES MATIÈRES

---

## LIVRE I<sup>er</sup>

### NATURE ET PROPRIÉTÉS DE L'ALCOOL.

### CHAPITRE I.

#### *Propriétés chimiques.*



### CHAPITRE II.

#### *Propriétés physiques. — Alcoométrie.*



## LIVRE II.

### MATIÈRES PREMIÈRES EMPLOYÉES A LA FABRICATION DES ALCOOLS.

### CHAPITRE I.

#### *Matières sucrées.*

## CHAPITRE II.

### *Matières amylacées.*



## CHAPITRE III.

### *Matières accessoires.*



## LIVRE III

### FORMATION DE L'ALCOOL. — PARTIE GÉNÉRALE.

## CHAPITRE I.

### *Fermentation.*



## CHAPITRE II.

### *Saccharification.*



## LIVRE IV

### FORMATION DE L'ALCOOL, PARTIE SPÉCIALE.

## CHAPITRE I.

### *Fabrication des liquides vineux au moyen des matières sucrées.*

## CHAPITRE II.

*Fabrication des liquides vineux au moyen des matières amylacées.*



## CHAPITRE III.

*Fabrication des liquides vineux au moyen des matières mixtes.*



## CHAPITRE IV.

*Fabrication et emploi de levain* (levûre artificielle).



# LIVRE V

### DISTILLATION DE L'ALCOOL.

## CHAPITRE I.

*Composition des liquides vineux ; principes de la distillation.*



## CHAPITRE II.

*Parties principales des appareils à distillation.*

## CHAPITRE III.

### *Les appareils composés*

1. Application de la rectification et de la déflegmation ; Disposition générale des appareils composés ; Rectificateur Pistonius ; Déflegmateurs. — 2. Appareil Dorn. — 3. Appareil Pistonius. — 4. Appareil Pistonius modifié. — 5. Appareil Siemens. — 6. Autre modification de l'appareil Pistonius. — 7. Chaudière à rectification ou à flegme. — 8. Appareil de Gaal. — 9. Appareils à bain-marie. 10. Appareil Saint-Marc. — 11. Appareil Allègre. — 12. Appareil Caffey. — 13. Appareil anglais pour la distillation des grains. — 14. Appareils belges et français à colonne et à distillation continue. — 15. Appareil Cellier, Blumesthel et Decosne. — 16. Appareil Champonnois. — 17. Appareil continu, modifié pour la distillation des mélasses. — 18. Modification de l'appareil Cellier-Blumesthel pour la distillation des matières pâteuses. — 19. Appareils Savalle pour la distillation des vins, des betteraves, des mélasses et des grains ; Appareil en cuivre ; Appareil en fonte ; Régulateur automatique.

## CHAPITRE IV.

### *Appareils pour fabrications particulières.*

20. Appareil pour la distillation des cossettes, système Leplay. — 21. Appareil Savalle pour la distillation des vins de marcs, des pommes de terre, etc.

## CHAPITRE V.

### *Concentration et purification de l'alcool.*

1. *Essences amyliques, éthérées et autres.* Essences en général ; Essence amylique ; Essence de marc de raisin ; Essences aromatiques ; Moyens de reconnaître la présence des essences ; Effet de la concentration. — 2. *Rectification.* Appareils à rectification ; Généralités. — *a.* Appareil ordinaire français. — *b.* Autre appareil rectificateur. — *c.* Appareil Savalle. — *d.* Fabrication des eaux-de-vie ; Eaux-de-vie de vin ; Rhum ; Whiky ; Gin. — 3. *L'Épuration chimique.* Charbon de bois ; Potasse.

# LIVRE VI.

### PARTIES ACCESSOIRES.

## CHAPITRE I.

### *Fabrication de la levûre.*

Généralités ; Méthodes 1), 2), 3), 4), 5).

## CHAPITRE II.

### *Utilisation des résidus.*

I. *Vinasse de mélasse.* Composition ; Utilisation directe ; Utilisation indirecte ; Salin ; Composition ; Fabrication de la potasse. — 2. Résidus de la distillation des grains et des racines.

## CHAPITRE III.

### *Extraction des essences amylique et autres.*

Alcool amylique ; Huile essentielle de marc.

---

Paris. — Imprimerie et librairie de E. LACROIX, rue des Saints-Pères, 54.

## EN VENTE

### A LA LIBRAIRIE SCIENTIFIQUE, INDUSTRIELLE ET AGRICOLE DE E. LACROIX

**Paris, 54, rue des Saints-Pères.**

# EXPOSÉ

### DES APPLICATIONS

# DE L'ÉLECTRICITÉ

PAR

## LE C<sup>te</sup> TH. DU MONCEL

Officier de la Légion d'honneur et de l'ordre de Saint-Wladimir de Russie
Ingénieur-Électricien de l'Administration des lignes télégraphiques françaises

*2 volumes gr. in-8° avec figures 28 francs.*

# PRÉFACE

Cet ouvrage n'est certainement pas un ouvrage de science vulgarisée; il est tout à fait spécial et les questions y sont traitées, sinon avec tout le développement qu'elles comportent, ce qui aurait rendu cet ouvrage interminable, du moins d'une manière assez étendue pour qu'on puisse avoir une idée parfaitement nette des phénomènes exposés et du principe des inventions décrites; nous renvoyons, du reste, aux sources où l'on peut puiser des renseignements plus complets. Toutefois, malgré que nous ayons creusé la matière un peu à la façon allemande et que nous ayons été forcés de donner quelques calculs algébriques, nous nous sommes arrangés de manière à ce que nos exposés fussent facilement intelligibles et n'exigeassent pas de connaissances mathématiques trop élevées. Il y a pourtant des questions de maxima qui n'ont pu toujours être résolues par la simple algèbre, mais nous avons ajouté, comme note à la fin de l'ouvrage, les notions de calcul différentiel nécessaires pour qu'on puisse suivre tous les calculs que nous donnons.

Inutile de dire que cette troisième édition de notre Exposé des applications de l'électricité a été entièrement refondue. La première n'était en quelque sorte qu'un sommaire de la seconde et la seconde un compendium plus ou moins raisonné de toutes les applications électriques venues à notre connaissance: la troisième est un traité complet de la question, tant au point de vue théorique qu'au point de vue pratique. Nous l'avons divisé de la manière suivante:

Le premier volume, qui contient 516 pages, 1 planche et 99 fig. dans le texte, est consacré à la technologie électrique, c'est-à-dire aux connaissances techniques qui sont nécessaires pour *bien appliquer l'éléctrcité.*

Le second volume qui contient 560 pages, 1 tableau, 2 planches
et 192 figures dans le texte, comprend d'abord la discussion complète des lois des électro-aimants et des meilleures conditions de
leur construction, la description de tous les systèmes électro-magnétiques imaginés soit en vue d'augmenter leur promptitude
d'action soit d'accroitre l'étendue de leur sphère attractive, soit de
supprimer les actions contraires qui en sont la conséquence, tels
que les courants induits, les étincelles de l'extra-courant, le magnétisme rémanent, etc

Pour donner un aperçu plus complet de l'ouvrage nous donnons
ci-dessous le sommaire de quelques chapitres.

*Extrait de la préface de l'auteur.*

## SOMMAIRE DE LA TABLE DES MATIÈRES.

### TOME 1er

*Notions préliminaires* — Lois de la propagation électrique dans la période permanente. — Lois de la propagation électrique dans la période variable. — De la
transmission électrique par le sol. — Réactions dynamiques. — Réactions d'induction. — Réactions dynamiques et inductrices. — Lois des courants interrompus. —
*Technologie électrique.* — Formules des piles voltaïques. — Détermination des
constantes voltaïques. — Effets produits au sein des piles. — Piles à sels solubles
et à courant constant du type de Daniel. — Piles à sels peu solubles du type
Marié-Davy. — Piles à acides et à deux liquides du type de Grove. — Piles à un
liquide du type de Smée. — Piles à systèmes amplificateurs. — Piles à gaz. —
Piles terrestres. — Piles sèches. — Piles thermo-électriques. — Appendice au
chapitre des piles hydro-électriques. — Système coordonné des mesures électriques. — Lois, formules et constantes numériques. — Détermination de la résistance de l'enveloppe isolante des câbles sous-marins. — Détermination de la
capacité électro-statique des câbles sous-marins. — Détermination de la valeur de
la vitesse de transmission des courants dans les conducteurs recouverts d'une
enveloppe isolante.

### TOME 2°

*Technologie électrique.* — Considérations générales et lois des électro-aimants.
— Lois des électro-aimants. — De la distribution du magnétisme dans les électro-aimants et leurs armatures et des conditions de force qui en résultent. — Effets
des électro-aimants. — Aimantation persistante. — Calculs relatifs aux électroaimants. — Electro-aimants simples. — Combinaisons électro-magnétiques. —
Recherches théoriques sur les électro-aimants. — Autres moyens d'obtenir des
effets d'attraction temporaire. — Organes électro-chimiques. — Lois et propriétés
des courants induits. — Machines d'induction magnéto-électriques. — Machines
à frottement. — Machines d'influence électro-statique. — Autres générateurs
mécaniques d'électricité. — Appareils pour la mesure des intensités électriques.
— Appareils pour la mesure des résistances. — Appareils pour la mesure des
tensions électriques. — Appareils pour la mesure des effets calorifiques des courants. — Circuits simples dans les intérieurs. — Circuits aériens. — Câbles
sous-marins. — Construction des câbles sous-marins. — Pose des câbles-sous-marins. — Recherches des fautes et des dérangements sur les câbles sous-marins.
— Câbles souterrains. — Appareils préservateurs des courants accidentels. —
Appendices à la section II. — Appendices à la section III.

Paris. — Imprimerie et librairie de E. LACROIX, rue des Saints-Pères, 54.

# Applications de l'électricité.

Tome III. — *(Télégraphie).*

Le troisième volume, 552 pages, 7 planches, et 192 figures dans le texte, traite spécialement de la télégraphie électrique; il est complété par un chapitre très-étendu sur les sonneries électriques.

## SOMMAIRE DES MATIÈRES DU TOME 3°.

*Télégraphie électrique.* — Aperçu historique sur la télégraphie électrique. — Télégraphes à aiguilles. — Télégraphes à cadran. — Télégraphes à cadran à courants voltaïques. — Télégraphes sans réglage. — Télégraphes à cadran magnéto-électriques. — Télégraphes à mouvements synchroniques. — Systèmes particuliers. — Télégraphes écrivants. — Télégraphes à enregistration mécanique. — Télégraphes ordinaires à une seule pointe traçante. — Télégraphes Morse dont la pointe traçante réagit sous l'influence du mouvement d'horlogerie. — Télégraphes Morse à deux pointes traçantes. — Télégraphes à déclanchement automatique. — Télégraphes à manipulateurs mécaniques. — Télégraphes à transmission automatique. — Systèmes télégraphiques particuliers. — Télégraphes électro-chimiques. — Télégraphes imprimeurs. — Télégraphes à échappement. — Télégraphes à mouvements synchroniques. — Télégraphes imprimeurs à mouvements électro-synchroniques. — Télégraphes autographiques. — Télégraphes autographiques électro-chimiques. — Typo-télégraphes. — Typo-télégraphes électro-chimiques. — Typo-télégraphes à maquette. — Télégraphes autographiques électro-magnétiques. — Télégraphes pantographiques. — Télégraphes sous-marins. — Dispositions pour les câbles de petite longueur. — Dispositions pour les câbles de grande longueur. — Relais et translateurs. — Dispositions diverses des relais. — Relais simples les plus usités. — Relais sans réglage. — Relais à réactions multiples. — Relais parleurs. — Translateurs. — Télégraphes à transmissions multiples. — Transmissions simultanées dans des directions opposées. — Transmissions simultanées dans la même direction. — Transmissions multiples alternées. — Transmissions simultanées par un même manipulateur. — Sonneries et appels des stations. — Sonneries télégraphiques — Sonneries à mouvement d'horlogerie. — Sonneries à trembleur. — Sonneries relais à mouvement continu. — Sonneries dont la marche est contrôlée. — Sonneries à coups isolés. — Appels des stations intermédiaires. — Cryptographes. — Table des matières. — Table des noms d'auteurs.

# CARBONISATION
## DU BOIS
# EMPLOI DU COMBUSTIBLE
DANS LA
## MÉTALLURGIE DU FER

PAR **A. GILLOT**

INGÉNIEUR CIVIL DES MINES

---

**1re PARTIE.** Carbonisation en forêt. — Carbonisation en vase clos. — Séparation et rectification des produits de la distillation.

**2e PARTIE.** Perte en combustible dans les traitements des minérais de fer. — Perte en combustible dans le traitement de la fonte. — Économies réalisables dans les traitements des minérais de fer et de la fonte.

**3e PARTIE.** Résumé et appendice.

---

Un volume de 400 pages de texte compacte gr. in-8°, cartonné à l'anglaise, tranches non rognées avec figures dans le texte et tableaux. Prix. . . . **14 fr.**

---

### Plan et division de l'ouvrage.

Cet ouvrage se compose de deux parties distinctes et indépendantes l'une de l'autre, bien qu'elles se fassent suite et qu'elles se rattachent l'une à l'autre par une relation naturelle.

*La carbonisation* est traitée dans la première ; *l'emploi du combustible* dans la métallurgie du fer fait la matière de la seconde.

Le résumé général que l'on trouve à la fin de la deuxième partie, relie les deux questions.

A certains points de vue, elles ont une connexité qui motive leur réunion, sous d'autres rapports, elles peuvent être considérées isolément et ne rien perdre cependant de leur importance respective. Le plan adopté a paru concilier ces deux sortes d'idées sans aucun inconvénient, et surtout sans préjudicier à l'intérêt que présentent l'un et l'autre sujet.

L'auteur a complété cette œuvre (*résultat*, comme il le dit lui-même, *de plus de trente années de recherches*) par un appendice, qui renferme de nouvelles études faites pendant le cours de l'impression. Cet appendice termine le livre.

Le meilleur mode, croyons-nous, de faire connaître un livre, est d'en publier la table des matières et d'indiquer par ce moyen la méthode adoptée par l'auteur. Ce sera donc là tout notre prospectus. En conséquence, nous nous bornons à donner cette table ci-après, en la faisant précéder d'un extrait de l'avant-propos de l'auteur.

## AVANT-PROPOS

Ce volume est le résumé de plus de trente années de recherches et de travaux métallurgiques. Tous les faits qui s'y trouvent rapportés, ont été, durant ce laps de temps observés et reproduits avec un soin minutieux, par moi-même, autant de fois qu'il l'a fallu, dans les cas les plus variés d'expérience en grand des procédés pratiqués par l'industrie sidérurgique. Mon but, dès l'origine de mes premières investigations, c'est-à-dire, dès avant 1839, époque à laquelle Ebelmen fut chargé par le gouvernement de traiter ces mêmes questions, était de fixer d'après des principes certains les consommations normales de combustible dans le traitement des minérais de fer au haut-fourneau et dans les opérations ultérieures du four à réverbère. On obtenait ainsi par différence, le chiffre de l'écart entre les consommations réelles et ces consommations normales. C'était à mon sens la voie la plus certaine pour parvenir à débrouiller le chaos dans lequel est encore plongée cette partie de la science industrielle, et pour donner enfin une théorie rationnelle des foyers métallurgiques et des règles qui doivent présider à leur établissement et à leur conduite, afin d'arriver à la production du fer la plus économique. Il y avait donc une importance capitale à multiplier les observations, à préciser les détails de tous les faits, afin de resserrer dans les plus étroites limites les erreurs possibles et d'obtenir des moyennes suffisamment exactes, pour servir de point de départ aux appréciations théoriques.

Dans cette entreprise dont au début, même en la restreignant à l'objet énoncé, j'étais loin, je l'avoue, de soupçonner l'étendue, j'ai rencontré des difficultés qui, indépendamment du grand nombre de points touchés, m'ont arrêté longtemps, ce qui motive la longue durée de ce travail. Ces difficultés résultaient surtout de l'ignorance à peu près complète où nous sommes, de certaines propriétés des corps, notamment de la loi de variation de leurs caloricités, sans la connaissance de laquelle la détermination des hautes températures est absolument impossible. Malgré la gravité de plusieurs de ces obstacles, je crois avoir éclairci toutes les questions restées obscures sur la carbonisation, sur le haut-fourneau et sur le four à réverbère, et en avoir donné la véritable explication théorique. Je crois enfin avoir ainsi fourni le moyen d'établir le haut-fourneau et le four à réverbère dans les conditions d'un bon fonctionnement pour un cas quelconque donné, et avoir indiqué les procédés d'utilisation la plus complète du combustible dépensé.

La publication de cette première partie de mes recherches a éprouvé des retards considérables indépendants de ma volonté. A cet égard, je me borne à dire que M. Combes, membre de l'Institut, chargé par ce corps de faire un rapport sur mon mémoire, en a gardé pendant quatre années le manuscrit sans daigner l'ouvrir. La mort seule du rapporteur a pu me permettre de rentrer en possession de mon titre. L'expérience m'a rendu depuis longtemps familier avec ces avanies turques, auxquelles sont continuellement en butte les ingénieurs civils, pour expier le tort impardonnable d'avoir raison et de représenter le droit commun contre le privilége. Si mon livre vaut, ce n'est pas moi qui aura souffert de ce retard, c'est l'intérêt général qui est son seul but, son seul objectif.

A. GILLOT.

## TABLE DES MATIÈRES

### PREMIÈRE PARTIE

#### Carbonisation du bois.

triello du procédé de carbonisation en forêt. — Improbabilité de toute amélioration de ce procédé. — Prix de revient du charbon rendu à l'usine. — Substitution de la carbonisation en vase clos, à celle à l'air libre. — Discussion de cette substitution — Examen des causes d'un bon cuisage en forêt. — Expérience sur l'influence de l'humidité sur le cuisage à l'air libre. — Examen des charbons provenant d'un bon et d'un mauvais cuisage. — Bois en nature, impropre au service des hauts-fourneaux. — Conditions d'un bon cuisage en forêt réalisées par la carbonisation en vase clos. — Expériences de carbonisation qui l'établissent.

## Carbonisation en vase clos.

Chapitre II. Généralités. — Division en deux phases de la carbonisation en vase clos. — Bois à carboniser. — Cornues. — Fours. — Condensateurs. — Dispositions pour le traitement ultérieur des liquides de la condensation. — Calcul de la perte causée par l'emploi de bois mouillés. — Examen de la consommation en combustible d'une cornue. Chauffage à la houille. Chauffage au gaz. — Examen des principales différences que présentent les deux modes de chauffage. Avantage incontestable du chauffage au gaz. — Preuve qu'une cornue fournit le combustible nécessaire à sa cuisson. — Gazomètre. Exhausteur. Gazogène.

Chapitre III. Séparation et rectification des produits de la distillation. Généralités. — Séparation du goudron; sa distillation; huiles obtenues et goudrons solides. — Séparation du méthylène. Sa rectification. — Fabrication de l'acétate de soude. — Blanchiment de l'acétate de soude. — Obtention de l'acide acétique rectifié, et régénération du sulfate de soude. — Bases d'appréciation du prix de revient du charbon, et des produits accessoires de la distillation. — Réponse à l'objection posée (XIX) relativement à la différence du prix des transports de la forêt à l'usine, entre le bois et le charbon. — Prix de revient des divers produits de la carbonisation. — Comparaison des deux procédés à l'air libre, et en vase clos au gaz. — Circonstances qui feront varier dans un sens favorable, les résultats trouvés de la carbonisation en vase clos. — Abandon de la fabrication de l'acide acétique dit des arts. Causes de cet abandon. — Quelques conséquences de l'adoption de ce procédé dans l'industrie.

---

# DEUXIÈME PARTIE

## De l'emploi du combustible dans la métallurgie du fer.

Chapitre IV. Haut-fourneau. — Mines traitées. Leur origine due à des actions électriques. — Fondant. Nature de ses zones bleues. — Charge du fourneau. — Composition de la mine et des laitiers. — Quantité de chaleur absolue absorbée par le travail d'un haut-fourneau, et quantité de combustible consommé. — Etablissement des données de la question. — Causes de consommation de chaleur dans le haut-fourneau. — Sources de production de chaleur dans un haut-fourneau. — Système d'examen et de discussion de la question. — Volatilisation de l'eau hygrométrique. — Déshydratation du minérai. — Réduction de l'oxyde de fer. Théorie de la réduction du silicium. Décomposition de l'hydrate d'alumine. — Réduction du carbonate de chaux. — Carburation du fer. Fusion de la fonte et des laitiers. — Considérations préliminaires avant la détermination de la chaleur sensible de la

la fonte, et la peroxydation du fer brûlé dans l'opération. — Chaleur emportée à leur sortie du four par les laitiers. — Chaleur totale consommée par le traitement d'une charge. — Quelques considérations générales sur ce qui précède, sur ce qui se fait, et sur les améliorations qui peuvent être obtenues. — Traitement normal absolu de la fonte au four à réverbère.

Chapitre VI. Ordre à suivre dans l'examen des questions. — Fourneau à manche. Combustible dépensé à la mise en feu. — Combustible dépensé dans le traitement proprement dit. — Utilisation des gaz combustibles. Évaluation de leur importance. — Economie résultant de la mise à couvert du coke. — Irréductibilité de la chaleur théorique de consommation. — Utilisation de la chaleur sensible des gaz à leur sortie du gueulard. — Comparaison de la chaleur développée par la combustion des gaz combustibles perdus par le gueulard d'un haut-fourneau, avec celle nécessaire au traitement au four à réverbère de la fonte de ce haut-fourneau. Grand excès de la première sur la seconde. — Preuves que dans son emploi la chaleur développée par la combustion des gaz combustibles du haut-fourneau dépasse de beaucoup les besoins du traitement de la fonte produite. — Cause qui a fait échouer l'application de ces gaz à la réduction de la fonte. Simple moyen de faire disparaître cette cause. — Examen des effets de l'emploi de ce moyen. Établissement des appareils nécessaires au nouveau procédé. Évaluation des frais de leur établissement. — Four à réverbère au gaz. Ses dispositions. — Avantages du procédé. — Réponse aux trois questions posées (LII).—Réunion du système de carbonisation au gaz, au système d'emploi du combustible. — Comparaison des deux systèmes de métallurgie du fer avec leurs procédés respectifs de carbonisation.— Exemple d'application du système nouveau. Évaluation du prix de revient d'une tonne de fonte et d'une tonne de rails d'acier. — Conclusion. — Résumé de la première partie. — Résumé de la seconde partie.

---

## CONDITIONS DE LA SOUSCRIPTION

L'ouvrage de M. Gillot forme un volume grand in-8°, caractères compactes avec figures dans le texte et des tableaux.

L'édition est reliée en toile percaline, avec marges entières.

Prix pour Paris. . . . . . . . . . . . . . . . . . . . . . . . 14 fr.
Pour les départements, l'Alsace-Lorraine et l'Algérie. . . . . . . 15 fr.
Pour l'étranger et les pays d'outre-mer. . . . . . . . . . . . . 16 fr.

La 1re partie ayant été publiée il y a quelques mois, nous avons conservé pour ceux qui en ont fait l'acquisition, un certain nombre d'exemplaires de la 2e partie, cette partie se vend donc séparément :

Prix pour Paris. . . . . . . . . . . . . . . . . . . . . . . . 8 fr.
Pour la province, l'Alsace-Lorraine et l'Algérie. . . . . . . . . 9 fr.
Pour l'étranger. . . . . . . . . . . . . . . . . . . . . . . . 10 fr.

BIBLIOTHÈQUE DES PROFESSIONS INDUSTRIELLES ET AGRICOLES

Publiée par **E. LACROIX**, Ingénieur civil

IMPRIMEUR-ÉDITEUR

**54, rue des Saints-Pères, à Paris**

# BULLETIN DE SOUSCRIPTION

Je soussigné déclare souscrire aux ouvrages ci-après désignés, et j'en joins ici le montant en un mandat sur la poste, ou j'autorise M. Lacroix à faire traite sur moi pour ladite somme. (Les traites sur l'étranger étant onéreuses et difficiles à recouvrer, nos clients *hors de France* sont priés de nous envoyer une valeur sur Paris.)

Au dessus d'une somme de *cinquante francs*, on peut solder sa facture en deux paiements, soit 1/2 au comptant et 1/2 à 3 mois, et au-dessus d'une somme de *cent francs*, en trois paiements : 1/3 à 3 mois, 1/3 à 6 mois.

**TITRE DES OUVRAGES.**          **PRIX.**

Total

Nom

Qualité

Rue

Ville

Département

le

*Signature :*

Imprimerie et Librairie de E. LACROIX, 54, rue des Saints-Pères, Paris.